十诫新观

大卫·鲍森

ANCHOR RECORDINGS

版权所有 ©2021 大卫鲍森事工（David Pawson Ministry CIO）

本书作者已按《版权、设计与专利法案 1988》（Copyright, Designs and Patents Act, 1988）取得著作权并据以保护。

本书于 2021 年经由 Anchor 首次出版。Anchor 为大卫鲍森出版有限公司（David Pawson Publishing Ltd）的商业名称。

David Pawson Publishing Ltd
Synegis House, 21 Crockhamwell Road,
Woodley, Reading RG5 3LE

未经出版社事先书面同意，任何人不得以任何形式或方式通过电子或机械方式（包括影印、录制或任何信息储存和检索系统）复制或传播本书的任何部分。

如欲了解更多有关大卫鲍森的教导资料，包括 DVD 及 CD，可浏览以下网址：
www.davidpawson.com

欢迎到以下网址下载免费资料：
www.davidpawson.org

想查询更多有关资讯，请电邮至
info@davidpawsonministry.com

ISBN 978-1-913472-43-6

由 Ingram Spark 承印

目录

导言   1

1. 除了我以外,你不可有别的神   21

2. 不可为自己雕刻偶像   37

3. 不可妄称耶和华——你神的名   55

4. 当记念安息日   73

5. 当孝敬父母   91

6. 不可杀人   105

7. 不可奸淫   121

8. 不可偷盗   139

9. 不可作假见证陷害人   153

10. 不可贪恋人一切所有的   165

本书内容系奠基于我一系列的演说。由于内容来自于我的口语演说，许多读者会发现本书风格会些许不同于我惯常的写作风格。我希望这不会使大家忽略书中圣经教导的实体。

如同以往，我要求读者将我所说所写的一切内容与圣经对照比较，若发现任何不一致，则一律要依照圣经经文的教导为主。

大卫·鲍森

导言

神吩咐这一切的话说：

"我是耶和华—你的神，曾将你从埃及地为奴之家领出来。除了我以外，你不可有别的神。不可为自己雕刻偶像，也不可做甚么形像彷佛上天、下地，和地底下、水中的百物。不可跪拜那些像，也不可事奉它，因为我耶和华——你的神是忌邪的神。恨我的，我必追讨他的罪，自父及子，直到三四代；爱我、守我诫命的，我必向他们发慈爱，直到千代。不可妄称耶和华—你神的名；因为妄称耶和华名的，耶和华必不以他为无罪。当记念安息日，守为圣日。六日要劳碌做你一切的工，但第七日是向耶和华——你神当守的安息日。这一日你和你的儿女、仆婢、牲畜，并你城里寄居的客旅，无论何工都不可做；当孝敬父母，使你的日子在耶和华——你神所赐你的地上得以长久。不可杀人。不可奸淫。不可偷盗。不可作假见证陷害人。不可贪恋人的房屋；也不可贪恋人的妻子、仆婢、牛驴，并他一切所有的。"

人民听见雷轰和号角声音，看见闪电和山上冒出的烟，都非常害怕，远远地站着。对摩西说："求你和我们说话，我们必听；不要神和我们说话，恐怕我们死亡。"

摩西对百姓说："不要惧怕；因为神降临是要试验你们，叫你们时常敬畏他，不致犯罪。"于是百姓远远地站立；摩西就挨近神所在的幽暗之中。耶和华对摩西说："你要向以色列人这样说：'你们自己看见我从天上和你们说话了。'"

出埃及记 20 章 1-22 节（合和本）

这是一段深刻、神圣的经历。神只要人守十项诫命。多年前我到一间教会服事时，我记得那儿的人主要记得我一件事：我是个"废除十诫"的牧师。这是因为讲台后方有面灰泥的哥德式镶板，上面用巧克力般的深棕色印着十诫。没人记得这是何时出现的，尽管许多会众记得教堂在装修时，十诫泥板也会重新上漆。只要我一讲道，我知道他们就会读着我后方的经文："你不可……"。那年我把石板拿走了，因此我就成了废除十诫的牧师！当然，我的本意可不是这样。

基督说："我来不是要废掉，乃是要成全。"有个广泛的误解就是基督徒与十诫无关。我记得在《笨拙》杂志（*Punch* magazine）里有则漫画：一位郁郁寡欢的牧师站在教会门口，背对着公告上一系列的十诫讲道主题。从开启的教堂门口，可以看见牧师后方空荡荡的座位，牧师感伤地望着对面戏院一堆广告牌写着："**惊人，耸动的十诫**"，拐角处的戏院前人们正在大排长龙。

牧师惆怅地看着人群。然而，去看电影的群众可不

导言

是去追求成圣，而是追求刺激。他们是在找乐子，而不是去认识神的旨命，而尽管电影名称叫作《十诫》，十诫却只占戏份中的极小部分。电影中大部分还是典型好莱坞式的夸大，尽管导演戴米尔（Cecil B. Demille）还现在身电影开头，简短陈述自己相信西方文明乃建立在十诫之上，当中蕴含着真理。

我有二十一点要说明，而这二十一点又可区分为三大部分。

我要给你七个理由，说明为何人们不读十诫，也不认为我应该带你们了解十诫。

我也要给你七个理由，说明为何我要带你了解十诫，以及为何我相信你该了解十诫。

接着我要告诉你十诫的七个特征，让你开始思考。

对当今许多人来说，这实在很怪异——我居然要他们回头研究十诫。

我在这里想到七个理由，说明人们为何会说这年头你不该费心研究十诫。第一，十诫是律令规章。今日人类已经不需要这些典章律例，因为人们都已长大成人。在这精密复杂的科学时代，我们毋须经由十诫告诉我们要如何行事为人。你得把我们当作成人看待，我们早就不是孩子了。我们不需要规条来告诉自己如何守规矩，人们都有常识吧。

同时这也牵涉到"自由"的许多层面。人们需要的是自由，应该以相信他们能够自制的方式对待他们。这种呼声在许多领域都已为人接受。好吧，如果真是这样的确很好，但实为不然。

当人们说："留待常识判断"，我却恐怕这常识并不普及。我们在实际上发现，几乎在生活的每一层面中，人类都必须有规则可循，否则就无法共同生活。如果我要开车上路，就必须明白如果所有人在路上都为所欲为，那么我们根本不可能驾驶上路。如果我去踢足球，就必须明白如果没有裁判规则，足球赛就不可能进行。这就是我个人认为板球赛的问题：每次我要参加板球赛，总有一套新规则。生活各部分都显示若没有规则，人们不可能在社会上共同生活而相安无事。若我们要享有自由，自由就必须受到某程度的限制，而十诫也是如此告诉我们。

但有人说："谁有权利告诉我们该怎么做？没人有权利告诉他人要如何守规矩。"但神有权为我的生活制定规则！祂有权柄告诉我如何举止端正——因为祂创造了我——而祂也能将这权柄授予他人。

我遇到的第二种反对理由就是十诫太负面，充满了"你不可"。当然，它们不是全都这样。十诫中有些是正面用语：例如其中一条说六日要劳碌做你一切的工。这条是正面用语——当然我也不会认为这样会多受欢迎，不过十诫大致上来说是属于消极禁止的诫命。人们说这在心理学上是种很拙劣的方法。若你真的想要得到别人的正面回应，就不要写一长串"不可这样那样"——这只会造成反效果；这会造成压抑；这会让人更想偷尝禁果。但若心理学是这样,那么我喜爱神甚于心理学。我认为神懂得更多。我相信神知道若你心中要有丝毫道德,你不仅必须辨明什么是对的,也必须辨明什么是错的。否则人们无法明白道德界线在哪儿。你必须说:"这是对的,那是错的,"然后人们才会知道自己的定位。我们需要禁制用语的诫命。甚至在亚当犯罪堕落之前,他在伊甸园里也需要一些禁制用语的诫命,才能依此自主做决定。若神未将树种在伊甸园里并告诉亚当不可吃树上的果子,亚当就无从自主选择遵循神的道。

还有,自从人类堕落以来,神有必要加上一连串"你不可"的诫命,因为人类既然已经凭着自由意志选择了错误的路,就还会去做许多事情,因此神必须清楚陈明这是错的。

第三,有人拒绝绝对性的道德,希望将所有道德都转为相对性的。我的意思是他们想要的道德是可以随环境改变调整的。因此反对声浪说十诫设下了绝对的标准,不管在任何情况下都是绝对的对与错。今日我们也听见许多人说"这不是真正的道德——道德会随不同情境改变,道德是相对而非绝对的。道德不能食古不化,必须与时俱进。"但如今我真心相信,一旦你放弃道德的绝对性,你就已经失去了道德。迟早,当一件事会随时间不同而变得对或错时,你也无法分辨是非了。即使有些问题会随着环境改变,但这世上仍必须有绝对的标准。

人们对十诫的第四个反对理由,就是十诫已是过时的老古板诫命。毕竟，它出现的年代是三千五百年前。离我们相距如此久远的社会国家与环境所产生的规则，哪有可能在今天还适用？它们早该被淘汰了。约克郡（Yorkshire）有位九十几岁的凡恩医生在一个青年俱乐部演讲后，有个女孩子说："凡恩医生，你的观念已经太老旧了。"他回答："亲爱的小姐，你以老式的方式来到，也将以旧有的方式离开，"这可真是对这位时髦小姐的妙答！

这简单的真理，就是虽然我们的环境改变，我们的衣着、流行与科技改变了，人性与神性却没有改变。神与人类仍是一样的。你去读读十诫，接着去读读新闻，再来告诉我这些诫命已经老旧不再适用当今社会！十诫正是关乎今日人类的挣扎。报纸头条诉说的根本不是新鲜事，你都看见了。我们无论是与人或与神的关系都没有改变，所以十诫并不老旧。

第五点反对理由："十诫属于犹太人而我们是基督徒；我们领受基督没有十诫的新约教导就够了。十诫是给犹太人的，是旧约时代的。我们已活在新约时代。"这点是比较微妙的。但容我提醒你耶稣就是犹太人，在律法与十诫之下出生。容我提醒你十诫中的九诫（唯一的例外很重要，我们稍后会讨论）在新约中逐字重复，同样适用于基督徒。容我提醒你耶稣说："律法的一点一画都不能废去，"并说他来就是要成全律法，将律法化为行动，使律法全然成就——他来不是要废去或毁了律法。

接着就有人以更巧妙的方式主张，基督徒不该读十诫，因为我们活在恩典而非律法之下，这点争论非常引人入胜。我同意我们不再活在律法之下，因为新约这么说。但这段经文的意思是什么？意思是说现在我们不用麻烦去关心神的旨意？还是说我们不用去研读祂的诫命？绝对不是，这段经文主要是关于我们与神关系的基础。若你彻底研读上下文，会看见圣经清楚说明你无法靠着遵守十诫来与神建立关系。因为如此会将你置于律法之下；将你置于咒诅之下，因为你根本无法遵守十诫。基督徒早已不再活在律法之下，十诫早已不再是吊在他们头顶上的威胁。从意义上来说，我们不再须要以遵守十诫来在神面前称义，所以才说我们不再活在律法之下。神的恩典已为我们与祂的关系建立一个崭新的根基。

我们不再活在律法之下，而是在恩典之下。但另一方面，我们仍有义务持守神的诫命。我们之后会加以说明，但是遵守律法的动机已经完全改变。旧约时代遵守律法的动机是在神面称义并赚取权利、公义与进入天国——而这导致一败涂地，因为没有人做得到。而遵守神律法的新动机则是感恩。耶稣说："有了我的命令又遵守的，这人就是爱我的。"既然他不断重申十诫，由此看来他也将遵守十诫视为我们表达爱祂的方式。换句话说，我不再为了上天堂而遵守十诫，而是因为我希望能遵守。这让律法为我效力，而非成为我的主人。我不再活在律法之下。

最后一点关于十诫的争论：我们只要有爱心就足够

了。我称这为唯爱论。有许多声称自己是基督徒的人（与其它人一样），主张我们唯一需要的诫命就是爱——若我们爱人如己并爱神，那我们就可以不用理会十诫。乍听之下完全合乎圣经，因为新约说："全律法都包在'爱人如己'这一句话之内了，"但"不可杀人"、"不可偷窃"与"不可奸淫"，不就是"爱人如己"吗？然而这中间有个可怕的漏洞。如果爱人如己——这是我唯一必须遵守的诫命，那么我根本就不需要任何其它的新约教导了。

但是，人们却以爱为名，开始倡导打破十诫。主张我们只需要爱人如己这条诫命的人，开始倡言若你是出于爱心而杀人，那么杀人就有正当性。若你是出于爱而犯奸淫，那么淫行就有正当性。若你是出于爱而偷盗，那么偷盗就有正当性。若你是出于爱而说谎，那么说谎就有正当性。也许此刻你正纳闷，自己怎么可能爱着某人又做出这些事情呢？让我告诉你吧。

你所爱的人正濒临死亡边缘，承受剧烈的痛苦，他们实在无法忍受这痛苦，恳求你给他们一些药物解脱。新的道德观说：只要你爱他们，就把药给他们，让他们死亡。还有些人主张在今现今社会，若夫妻合不来，与其让彼此与孩子痛苦，不如去跟自己知道能够共创美满婚姻的人在一起，因为这中间有爱，就可以放手去犯奸淫。

还有母亲因为爱孩子，不忍孩子挨饿而去偷面包呢？你了解我的意思吗？我要表达的是若你说爱是唯一的诫命，你就很容易会开始打破其它的诫命。这很严重吗？对，很严重。神对爱的定义，是遵守诫命，不是打破诫命。因为我们的理解与智慧是有穷有限的，因此我需要诫命来教导我如何去爱。我需要诫命来教导我爱的意义。我不敢信任自己在这方面的感觉。让我给你个简单的例子。两位年轻人坠入爱河，他们渴望结婚。他们来问我两人何时可以互订终身。但我让他们大吃一惊。我与他们聊了婚姻的意义，推荐他们去读一些书，告诉他们如何预备婚姻关系，他们很可能会说："牧师，你不懂，我们不需要人家来告诉我们如何经营婚姻，一切都会很好。因为我们深爱彼此，这就够了。"

但如果这就够了，为何还有那么多婚姻破裂？因为虽然有时人们会不知道应该如何表达爱，但单有爱还不够。因此就像每个婚姻指导机构告诉你的，我们需要帮助与引导。因此神知道你爱祂并彼此相爱，但这还不够。祂想要引导这份爱。祂渴望告诉你爱要如何实践出来。神满有智慧与无所不晓，祂知道要如何充分表达爱，因此祂给了你诫命，向你显明如何表达那份爱。

我认为人们不喜爱研读十诫的真正原因其实非常简单。斐律斯（J.B Phillips）解释了罗马书里的一个词："神诫律的笔直界线，显明了我们多么偏邪不正。"记住这句话。这让我想回到我们不喜爱十诫的第一个理由，以及为何这能帮助我们。

第一，十诫帮助你定义罪。这个简短的词代表什么？我如何得知自己染上了罪？我如何知道自己是否是罪人？

有个简单的分辨方法就是使用**神律法的笔直界线**。你如何得知一面墙弯曲？只要放条直线对准就可知道。感谢神赐给我们律法。

你知不知道十诫带领许多人归向基督？你知不知道葛培理（Billy Graham）在讲道时，常会把十诫讲一遍？这是为什么呢？因为他知道除非人们感受到自己偏邪不正，否则他们不会想要改邪归正。他明白除非人们觉悟自己染上滔天的致死罪疾，否则他们不会寻求基督的医治。因此他对人们显明神律法的笔直界线。这定义了罪。罪不是星期日报纸上讲的罪。罪是神所说的罪，也就是违犯律法。因此，若你想知道自己是否沾染了罪，只要坐下来把十诫读一遍，你有遵守的就打勾，你有违犯的就打叉，你就会知道了。十诫定义了罪，也诊断了你的疾。

甚至在我归向基督之后，我仍有罪的问题。我有老自己——也就是圣经说的"肉体"——仍在缠扰着我。我必须知道自己是否要成长；我必须知道生命的哪些方面仍受到罪的污染。但我要怎么知道呢？那就是靠着研读神律法的笔直界线。

因此无论我是不是信徒，十诫都为我定义了罪。第二，十诫帮助我接受引导。我希望这不会使你感到震惊，但有个人来我这儿当面告诉我，他觉得神引导他离开妻子去与另一个女人生活。他如此诚恳地说着自己为此祷告过、思考过、相信神告诉他要这么做。而我马上相信神没这么说，因为神不会自相矛盾。

导言

我们需要的指引有两种——普遍性与特定性的指引。合乎神旨意的普遍性指引适用于任何情况下的任何人，一生都适用。特定性的指引就是神在此时此地的情况下对我的旨意。十诫是关于普遍性的指引。我相信有些人无法得到特定性的指引，是因为他们不理会普遍性的指引。换句话说，如果我们还没遵守神已知的旨意，也就不太可能得知祂关于未知问题的旨意。若我不理会祂已经告诉我的旨意，那我又有什么权利要求祂给我某种情势中的特定性指引？

因此普遍性的指引，能帮助我们领受指引，在这基础上祂才会准备好给予我们特定性的指引。举例来说：我认为神在乎我们如何做好工作，远大于我们从事什么工作。

然而我曾遇过许多年轻人来找我，询问我关于神对他们工作上的指引，还有他们对应该做什么工作的疑虑。我应该成为宣教士吗？我该作屠夫吗？我该当律师吗？我该从是什么职业？我很想对他们说："听好，神更在乎你是不是个好律师、好屠夫或好宣教士。"神在圣经中的普遍性指引是这样的：要为着神的荣耀去工作。若一个人不是为了基督的缘故从事目前的工作，那么无论这工作是什么，他们凭什么期待神会告诉他们，祂想要他们从事什么工作呢？顺序如下：神旨意的普遍性指引居首位，然后才是特定性的指引，而十诫就属普遍性的指引。

第三，十诫帮助我们了解神的性格。读过十诫的人可能会说："唉，神真是个扫兴的人。祂就是那种只要你一高兴，祂就会说'你不可'的神。"这很像小男孩去上学时，有人问他："你叫什么名字？"他说："我的名字是不可以强尼。"因为他妈老这么叫他。人们觉得十诫彰显出来的就是那种神，高高坐在天上说："地上有人很开心，现在马上给我送条诫命下去。"但这与事实真是相差十万八千里。我要告诉你十诫显明的是怎样的神：一位抱持极高标准，为人类最大益处打算，不会试图破坏你兴致，反而因为："你若这么做，就会扫兴。"的神。祂正对你说："你想要享受生命，由于生命是我创造的，因此我要指示你如何善用生命。"若你要在人生与社会上得胜，这就是生活之道。渴望你得着最大益处并在十诫中显现的是神——一位不妥协于次等的神。因此十诫帮助我们明白关于神的重要特性。

第四，十诫帮助我们免于受苦。有两种方法能使我们认识邪恶。一种是听别人说，一种是自己去认识。直接第一手而非间接第二手认识邪恶是很悲哀的。若你是间接认识了邪恶，就要感谢神。因为这会让你免受许多痛苦。这就是伊甸园里分辨善恶树的问题。神不要亚当去碰这棵树的果子，因为祂不要亚当直接认识邪恶。祂要亚当透过祂的话语来认识——这世上有邪恶——然后不要去碰。

容我告诉你一个实例。有位年轻女子还未有过性经验，但她是个时髦女性并说："我不要听我父母讲什么守贞是对的，婚前性行为是错的。我要自己去发掘。我要有这些经验再自己下定论。"她会发现婚外性行为是错的，但却是透过辛苦的方式，因为婚外性行为的后果之一就是她无法再享有纯洁。她对邪恶的认识是直接的，但她对美善的认识却是间接的。她无法再重返纯真。她会被赦免，却无法回到纯洁——这两者是不同的。神不要你直接经历邪恶。祂不要你面对折磨。祂希望你间接认识邪恶，却第一手直接经历良善。十诫的存在防止人们直接经历邪恶并失去纯真，因为人一旦打破纯真，就永远无法再享有它。

第五，研读十诫帮助我们提升群体生活的层次。我们国家迫切需要的就是守法的公民，不仅遵守人类的法律，更要遵守天国的诫命。我们的群体正因为缺乏认识特定标准与准则的人而正走向灭亡。耶稣说若你真正依照圣经准则生活，你就是世上的盐与光。因此，祂的意思就是我们行事为人要能有滋养与消毒作用。耶稣在解释时，心里也想到盐巴的这两种用处：促进良善增长的触媒，以及限制邪恶散布的消毒剂。祂教导我们：你可以作盐。祂说完这之后，就在登山宝训中说到有关自己不是要废止而是要成全律法。若我们的群体中有人更多人承认十诫，我们在这国家的社会生活就会改变。

第六，研读十诫会帮助你引导孩子。容我向你描绘出两种极端。好比说现在有两位来自不同家庭的青少年。第一个青少年的家庭里，一切都有界线。他的父母总是在制定规则，所有事情都有相关规定。这位可怜的青少年必须准时出门回家，并遵守其余规定。这位青少年感到在家中受到压制，因此他说（我曾听过有位青少女对她母亲这么说）："走着瞧，等我够大了就会离家。我要自己住不理你。我要远走高飞。"

这种压制性的家庭只有规条，对这孩子有毁灭性的影响。但另一种极端就是，这里有另一位青少年——她的父母根本不在意她几点回家。家里没有家规。"钥匙在这儿：你自己去卖些炸鱼与薯条，你想怎样就怎样。"心理学家发现一个有趣的现象：第二个青少年会极度缺乏安全感，这对他们有害，事实上让他们在孩童时代就随心所欲不是正路，反而会导致他们陷入很深的不安全感。有意思的是，当父母订出合理的规则时，青少年会相当感激。这给了他们安全感，因为他们知道界限在哪儿，他们在界限中拥有自由；一方面，家里若只有规条，这会伤害孩子，但另一方面，若全无家规，也会伤害孩子。

父母与孩子遵守同样规则的基督徒家庭所产生的安全感，会给予孩子准则与道德良心，这将会帮助他或她一生都有安全感。这不是说孩子接受父母所有的规定。当孩子渐渐长大，他必须自问：我的父母说这不对，事实真是如此吗？我自己就有些想法与我父母的道德判定不同，但这与十诫无关。我知道我父母与我自身需要的一样，我们都承认十诫,而且我们都服在一些特定的明确准则之下。

第七,十诫帮助我们讨耶稣喜悦。若你是基督徒,你难道不想这么做?你难道不想讨他喜悦?那么答案就很简单了。耶稣说:"若你爱我,就遵守我的诫命。如此你就讨我喜悦,这就是你表达真正爱我的方式。"耶稣来到世上为了要成全律法,而不是来废除律法。祂来是为了要帮助人讨祂喜悦。没什么比借着遵守主诫命来表达爱祂的人更能讨祂喜悦。因为你在对主耶稣说:"我如此爱你,因此当祢吩咐,我就照办。"

现在我们进入导言中第三也是最后一个讨论点:十诫七个引人深思的特性。虽然旧约中有六百三十条诫命(新约中有超过一千一百条命令),但十诫却只有十条。犹太人教导小孩子用十只手指来背记十诫。神将十诫写得如此简单,使得我们任何人都能记得,两只手每只各有五诫,有关于人与神关系的五诫,以及人与人之间关系的五诫——非常简单。

第五诫——刚刚好——"当孝敬父母",真正是条将你与神准确连结的诫命,因为在你成年之前,你的父母就是神指派给你的权柄。你透过孝敬父母,就是在尊荣神。我希望你能将十诫完全背诵出来,如果不行,何不现在就学?

第二,要注意将神摆在首位。我必须不断尝试纠正的最普遍观念之一,就是若你遵守后面五诫,就不必麻烦再遵守前面五诫。你有没有出现过这种想法?

只要你爱邻舍并以恩慈待人，神就会让你豁免前五诫。就像十题只要作答五题的学生一样——你知道这种情形。我们常以为神只要我们爱人如己。耶稣说："第一诫命就是要爱主你的神"，将前五诫合为一诫。祂又说："其次就是要爱人如己"，也是将五诫合为一诫说明。但你注意到了耶稣先说哪一诫命。在你开始思考爱人如己之前，十诫先引导你思考：那神呢？你有没有先爱神呢？你有没有遵守祂的诫命呢？——所以要将神摆在优先位置。

第三，十诫都是对个人说的——那人就是你。"你"这个字是单数。十诫并非对群体说的，并非对一群人颁布的，不是对一个国家颁布的。十诫是对着坐在椅子上的你说的，就好像整间屋里就只有你一人。"你不可"表示每个人都只就一人对神负责——他或她自己。神个别面对我们，祂没说："英国违犯了我的律法，"而是说："你违犯了我的律法。"

现今我们太容易相信我所谓的集体之恶。你明白我的意思，像是"这国家现在还不叫惨吗？这世界一团混乱，那些炸弹客真是太可怕了。"讲"别人"太容易，但神说的是你，你一个人。神说我只管你有没有遵守我的律法。我们各自站在神面前，回答自己是否有遵守祂的律法。

第四，十诫涵盖了行为、话语与思想。它们不只是关于外显的部分。妈妈在吃饭前叫小男孩去洗手，然后小男孩回来了。"来我们看看，你洗手了吗？"

"洗了。"

"把手翻过来。回去再洗一遍……"

我们虽为成人，但在某些事情上也像这小孩子一样。我们试图把外显部分清理好，却懒得去清理内在部分。但神的诫命不仅关乎我们外在的行为像是杀人与犯奸淫，还关乎话语："不可作假见证。"关乎思想："不可贪恋。"十诫关乎内心也关乎外在，关乎言行也关乎思想——你的全人品格。这就是为何耶稣说我们用话语就能犯下杀人，动心念就会犯下奸淫。我们不只要问："我有没有在行为上遵守十诫？"也要问："我有没有在话语与思想上遵守十诫？"如此才是确实遵守诫命。

第五，十诫虽有十条，但实际上只有一条。它们是一个共同的单位，就像神智能的完美珍珠项链，串着十颗珍珠。它们是一体的，因此圣经清楚说明若你违犯其中任何一条诫命，就违犯了整体律法（参阅雅各书第2章）。

若我的妻子有条项链，链子的一处断了，她会怎么对我说呢？她不会说："链子断了一处。"而会说："链子坏了。"你了解我的意思吗？想想一条炼上有多处环节而共同发挥效用——能拉动车子或提起重物——只要有一处环节不见，链子就会断掉，整条链子就坏了。了解十诫是一个整体，实在是非常重要。没有所谓"十诫做到六条就及格了。"你违犯一条，就是违犯整体。十诫描绘了神对你的生命图像，若你破坏任何一处，你就破坏了整个图案。

第六，将十个珠子串在一起的线可总结为一个词："敬重"。敬重神——敬重祂的地位（除祂以外不可有别的神）；敬重祂的性格——不可造任何偶像。敬重祂的名，敬重祂所定的日子。敬重祂的代表——你的父母亲。而当你进入第二部分：敬重邻舍的生活；敬重他的婚姻；敬重他的财产，敬重他的名声。敬重岂不是我们社会最罕见的特质——如今到处都是讥讽任何人与每个人的喜剧；社会也享受把人分割拿来当成开玩笑的对象。但神告诉我们要敬重祂并与人彼此敬重。

最后，我们知道神将十诫颁布给得救的人。祂说："我是耶和华——你的神。"这话的意思就是：我如此对你说话，是因为我为你付出的一切；我曾将你从埃及地为奴之家领出来，因此我有权告诉你我要你如何回应我；这就是我现在要你活出的生命；我已赐你自由，但十诫就是自由的界线。

神的旨意主要是赐给蒙赎得救的人。我相信这十诫是赐给神救赎脱离为奴生涯，进入自由生命的人。你是否发现十诫的每一条，惩罚都是死亡？你有没有发现神有多么严肃看待祂的诫命？我曾认为这很不公平，因为"神，这根本不符合比例原则。有人犯了其中一条，祢就要置他于死？"神会回答："对，你知道为什么吗？因为我要我的宇宙大中至正，我要它完美——若你违犯任何诫命，你就破坏了我的宇宙，我就不能让你永远住在其中，因为你会继续破坏它直到永远。"

导言

想到我在神面前是个犯法应判死刑的人，实在很沉重。我不配永远活在神的宇宙中。神已经告诉过我若我干犯祂的律法，我就不能住在祂的宇宙里。如此别无其它出路了吗？不过有个人，惟有一人，祂在两千年以前活在世上，他三十三年生命中的每一天，都遵守十诫的每一诫。然后他为我付上了死刑的代价——那就是耶稣。

若我不认识耶稣，我会被十诫吓得僵直。你不会吗？历史上首次听到十诫的人正是如此，而他们的回应就是："摩西，赶快带我们离开这儿——你告诉我们神说什么就好，不然神离我们实在太近了。"这就是当时以色列人的感觉，但当耶稣来到世上后，人们就不再有这种感觉了。这是为什么呢？因为祂来要成全律法，而且祂以新的方式成全——不是要把人吓死，而是为他们死，给他们这样的爱，使他们*渴望*遵守律法。

神，感谢祢不仅创造我们，使我们明白如何活在世上，也与我们连结，告诉我们是非对错。感谢祢，因着十诫带给我们身为你儿女的安全感。主阿，我们祷告在我们寻求祢指示我们未知事情之前，先恳切行出我们明白自己所当行的。我们爱祢，也渴望顺服祢。阿们。

"你当信靠与顺服，因为惟有信靠与顺服，才能使祢在耶稣里喜乐。"

第一诫
除了我以外,你不可有别的神

保罗在雅典等候他们的时候,看见满城都是偶像,就心里着急;于是在会堂里与犹太人和虔敬的人,并每日在市上所遇见的人,辩论。有伊壁鸠鲁和斯多亚两门的学士,与他争论。有的说:"这胡言乱语的要说甚么?"有的说:"他似乎是传说外邦鬼神的。"这话是因保罗传讲耶稣与复活的道。

他们就把他带到亚略·巴古,说:"你所讲的这新道,我们也可以知道吗?因为你有些奇怪的事传到我们耳中,我们愿意知道这些事是甚么意思。"雅典人和住在那里的客人都不顾别的事,只将新闻说说听听。

保罗站在亚略·巴古当中,说:"众位雅典人哪,我看你们凡事很敬畏鬼神。我游行的时候,观看你们所敬拜的,遇见一座坛,上面写着'未识之神'。你们所不认识而敬拜的,我现在告诉你们。创造宇宙和其中万物的神,既是天地的主,就不住人手所造的殿,也不用人手服事,好像缺少甚么;自己倒将生命、气息、万物,赐给万人。

他从一本造出万族的人,住在全地上,并且预先定准他们的年限和所住的疆界，要叫他们寻求神，或者可以揣摩而得，其实他离我们各人不远；我们生活、动作、存留，都在乎他。就如你们作诗的，有人说：'我们也是他所生的。'我们既是神所生的，就不当以为神的神性像人用手艺、心思所雕刻的金、银、石。世人蒙昧无知的时候，神并不监察，如今却吩咐各处的人都要悔改。因为他已经定了日子，要借着他所设立的人按公义审判天下，并且叫他从死里复活，给万人作可信的凭据。"众人听见从死里复活的话，就有讥诮他的；又有人说："我们再听你讲这个吧！"于是保罗从他们当中出去了。但有几个人贴近他，信了主，其中有亚略·巴古的官丢尼修，并一个妇人，名叫大马哩，还有别人一同信从。

使徒行传 17 章 16-34 节

十诫第一诫就是："我是耶和华—你的神，曾将你从埃及地为奴之家领出来。除了我以外，你不可有别的神。"英国信徒可能不是很熟悉，这是另一种圣经版本。每个人都必须有神——因为我们受造为如此。有人说："若没有神，我们就必须创造一位神。"赫胥黎（Huxley）说每个男女在灵魂中都有个神形象的空格，使他们感到空虚，而人类本性，就像自然一样，会厌恶空洞，因此会渴望以某人或某物来填满这空洞。

总有人必须成为你生命的中心。某人或某物必须吸引你的爱慕与投入。你就是必须将信任投注在某人或某

第一诫 除了我以外，你不可有别的神

物上，赋予生命意义、价值与目的，并陪伴你度过一生。事实上每个人心中都有个奉为神祇的东西，使得十诫第一诫的存在非常重要。这使得人类在世上所有生物中显为独特。没有其它生物在灵魂中显现神形象的空格。我们从未目睹其它动物祷告或做出可解读为祈祷的动作。没有动物曾聚集起来尝试设立任何宗教。动物未曾表现出意识到自己生命连结于爱与敬拜焦点的需要。

正是因为每个人都需要神，因此找到真神就极为重要。但有人可能会说："今天许多人没有任何神祇也过得很好。宗教生活愈来愈少，人们愈来愈少上教会，愈来愈少人谈论神，我多数的邻居似乎没有信神也过得很好。"但别搞错了。他们不是没有神。他们也许不上教会，也许不读圣经，也许从不提到"神"这个词，但他们每个人都绝望地试图填满自己灵魂里神形像的空格。

我们要提出的重要问题是：你的神叫什么名字？若你觉得很难与无神论者或其它任何人谈论信仰，就请他们写下自己信奉对象的名字。若他们想不出来，你就问："你最不想失去的人事物是什么？你最珍爱的是什么？把它写下来，你就能知道你信奉对象的名字。"有没有信奉一位神不是重点，重点是你信奉对象的**名字**是什么。

那么，无论你的神是谁或是什么，你与你的神之间就产生了双重关系。一方面来说，你指望你的神给你帮助、引导、保护、意义、实现与满足。另一方面，你也倚靠他好使自己效忠于他，好让你的抱负、爱慕与愿望

有个焦点。这些都需要某种标靶，而现在我们就来检视人们怀抱的这些神祇。

你可以把所有神祇分为两类：超自然神祇与自然神祇；也就是人们信奉的对象在自然范围以外还是在物质世界范围内。每个人的神都在其中一类。我们要不就信奉超自然的神祇，要不就是某类自然神祇，但我们检视他们时会发现他们相当类似。

首先，我们来看看超自然神祇。当今我这年代的人，很难想象人们信奉超过一神。几世纪以来，多数人从小就被教导只有一位神。我们从出生以来就吸收一个观念——神只有一位——因此当你跟人谈到"神"，你会假定他们与你讲的是同一位。这已成为我们的观念。我们英国多数人生长在一神论的观念里——也就是相信只有独一神——这是大家普遍的态度。当然，无神论，则表示相信世上没有神。

多数英国人并未生活在多神论的观念中——而多神论就是相信许多神。你能想象自己走到高街（High Street）去找隔壁邻居布朗太太说："你的神今天好吗？"或甚至说："今天你的神是哪位呢？"你能想象有一位神照管每周一的生活，另一位照管每周二的生活吗？还有一位神照管你的厨房与厨务，另一位神照管你的小孩与他们的事情，另有位神照管你的花园与植栽，还有一位神照管你的生意？但这在世上并非罕见。许多文化都有让你搞不清的多神观念。

第一诫 除了我以外，你不可有别的神

我们要再次因着以下理由来了解多神论。就历史而言，移民改变了宗教范围。因此你附近可能住着不相信你神的人，他们相信另一位神。有些人信奉阿拉（Allah），你从未也永远不会在教会使用这名称。这是另一位神的名称。有些人是印度教徒（Hindus），若你问印度教徒他们的神叫什么名字，他会给你一张名单，因为他信奉多神。

这些相信其它神祇的人是我们生活社群的一部分。在我一生中，这已经改变了学校的宗教教育。当你班上有些学生的家长信奉阿拉，或是我们主耶稣之父耶和华神，还有其它的神祇时，你要向他们介绍哪位神？

英国已经变回了多神论社会。带来这种改变的因素不只是移民，还有西方国家对东方文化、哲学与艺术愈来愈有兴趣，因此将更多的神祇带进英国。有些人奉行佛教禅宗（Zen Buddhism），有些人学习瑜珈。人们修习这些活动之时，我们也倒退变回多神社会，声称"我的神是这位"，"你的神是那位"——个人的神有不同名字。这是犹太人曾陷入的光景。他们曾在埃及为奴，而埃及人信奉多神。他们有尼罗河神，掌管给他们生命的河流。他们有烈日之神照耀埃及。他们信奉许多神祇，各有不同名称。

古时候的世界，每个国家至少信奉一位自己的神祇，多数国家信奉多神。你无论往哪儿，人们都在敬拜不同的神。他们不称"神"，而是用名字称呼这些神祇，

他们总在为这些神祇命名。若你在不同时期问任何一人："你相信神吗？"他们会回答："哪一个？喔有阿。我相信这个但不相信那个。"这是十诫第一诫的时代背景：一个我们又再度开始看见的光景，并了解在出现多神的选择时，神说："我是独一真神，除我以外没有别的神。你只能信奉我。"

我们在世上必须更多说出这条诫命，这世界在萎缩，世人已对许多宗教产生兴趣，在这些宗教里，人们对神秘事物愈来愈感兴趣，使得这些宗教产生影响力——这世界已厌倦科学的唯物主义，回归超自然以及超自然世界的所有神祇。

现在你可以看出这一诫是个伪装的祝福了吧？它简化了生活，让你只有一个而非许多敬拜对象。

我在爱尔兰南部曾拿过一张传单，上面写着哪些问题要向哪位圣徒祷告。传单上有一百五十九个问题。从牙痛、盲肠炎到婚姻破裂都有，同时也列出圣徒的名字。如此一来要求助还真复杂。"今早我这个问题要求助哪一位？"光是要向多人祷告祈求就够复杂了！

十诫第一诫能大幅简化生活。它教你只要面对一位神。这岂不是一大美妙进步吗？这是条解放人类的诫命。

这是个简单生活的邀约。我们知道这条涵盖所有需要——保护、引导、实现、满足的需要。你只需要一位神，你不需要其它的神祇。这是个邀约，它说：你毋须担心其它的神，只要想着我就好。

第一诫 除了我以外，你不可有别的神

我们以使徒行传17章作为本章开头是因为：当保罗来到雅典时，他说："我看你们凡事很热衷宗教敬畏鬼神。"他在城里到处走动，街上到处都是寺庙、祭坛、崇拜场所，每个祭坛上都有不同的神祇名字，所有希腊神祇排成一列，最后一座祭坛，上面还刻着"献给不认识的神"。你知道为何他们要放最后一座祭坛吗？就为了确保自己没漏掉哪个没拜到。

有一天雅典发生地震，灾难临到，众人就说："一定是有一位神发怒了，但我们要如何知道是哪一位呢？"

祭司说："把一群羊赶到大街上，牠们躺下的那个祭坛就是被触怒的神，你们就必须把羊当作牲品献到祭坛上。"

所以人们将一群羊赶到街上。但你知道羊根本没有躺在任何一个祭坛前吗？羊群挺聪明地经过一排祭坛，停在远端的空地上。所以祭司们都聚集起来说："现在要怎么办呢？"

接着有位祭司说："我想那块地上一定有位神，只是我们不知道他的名字。"所以他们就在那块地上筑坛，而我老实告诉你，这就是为何那里会有祭坛的原因。

他们在雅典尾端的田野上筑了一个祭坛。"献给不认识的神。"

"我们还以为自己把诸神全都伺候好了，原来还漏掉一位。"

保罗来到城里，说："我现在要告诉你们的，就是

这位你们唯一不认识，也不知道名字的神——你们摆在尾端祭坛供奉的神，我现在要来介绍祂。祂创造了天地万物，不只住在一块地上。祂造了整个地面。我们的生活、行动、存在都在于他。所以我现在就要告诉你们这位神。"

你知道这是何等给人自由的信息？**除我以外不可有其它的神**意谓着自由。现在你可以脱离不知道有多少神掌管我们，有多少神我们要取悦，天上有多少神仙的所有不安与恐惧，我们可以仰天说："耶和华是我们独一的神，"这就意谓着保障。这给了犹太人安全感，也给了相信这位犹太神的基督徒安全感。我们只有一位神。这位神提议要为我们看顾所有事情。

在此同时，祂也**要求专一的关系**。意思就是："除非我是你生命中唯一的神，否则我不会参与你的生活。我在你心中不要有其它竞争者。我不会要你一路跑到另一座寺庙去求心安。我要你的绝对忠诚。这是对应我赐福的要求。我会看顾你一切所需，但我必须成为你优先与唯一敬拜的神。"

这是在多神论环境下的第一条诫命。那么犹太人有没有遵守这条诫命呢？若你读过旧约，令人难过地，答案是没有。

他们一与信奉别神的人混居时，就发生了一件事——他们爱上了那些人。以色列的少年爱上了信奉别神的少女。这是属神子民世世代代以来一直都存在的严

第一诫 除了我以外，你不可有别的神

重问题。当你爱上不相信你所信奉神的人，会发生什么事呢？在历史上这一直都是导致以色列人将别神带入他们宗教的首要原因。若你读过以利亚的历史，你会读到他如何单枪匹马地对抗并阻止人民崇拜"巴力"，以及其它先知如何在无人帮助的情况下奋力阻止以色列人崇拜来自邻国的其它神祇。

你也许会心想这些也没有真正直接影响到你的生活。我不会认为本书多数读者会迫不及待跑到巴力神庙，因为多数英国人即使属于不同宗派，但大家所讲的神却是同一位。你会发现即使是不同宗派的各教会，却都声明他们讲的是同一位神，也用同一个名字来称呼祂。

然而，现今我们周围出现许多显眼的非基督教（与他们的崇拜所）。也许你觉得自己不可能追随其它神（虽然有些人已经如此），也许你承继了只信奉一位神的英国传统，很难接受多神论。但这是否表示神的第一条诫命就对你就没什么好说的？我希望如此，但事实恐怕并非如此。让我们看看今日许多人用什么来填满他们灵魂里的空格——这个"神形像的空洞"。他们把自己献给自然界的"诸神"，这些神你能看见、摸到、操控与听见——它们也是神所创造的。我要来跟你谈谈它们。

跟我来造访一位名叫肯恩的年轻人吧。几年前他来找我并对我说："足球是我的神。"他的神直径约十吋、圆形，而且是皮制的！他很自在地这样承认。这一小颗皮球成了他爱慕、注意与追求的焦点，使他相信这能给

他生命带来满足、意义与目标。他只要一有时间,就会敬拜这颗皮球。他对它效忠,把它奉为优先,使它凌驾于他的人际关系、工作与一切。神必须将肯恩与足球隔绝,才能使他得自由。

同我一起与这位可爱的老婆婆克拉克聊聊吧。有一晚克拉克女士在白金汉郡的教会中作见证,她对会众说:"小宝宝们就是我的神。"这陈述实在太特别了!她说:"我是个褓姆,"然后接着说:"我热爱小宝宝,他们就是我的生命,我无法忍受与他们分开。若没有他们,我无法想象自己的存在意义。"小宝宝已经成了她了神!宝宝们使她与神隔绝,因此神必须将克拉克女士与小宝宝们分开,才能使她脱离这种神得着自由。我这样讲够明白了吧?这两个人都用一些变成他们神的东西,来填补自己灵魂里神形像的空格。你可以填补这空格,或试图这么做,但不管怎样都不会成功。只要你放在空格的不是神,就不会契合,但我们还是徒劳地尝试着。

你可以用运动来填充那个空格,你可以用花园来填充那个空格,你可以用摩托车来填充那个空格,对它下拜全心敬拜它、谈论它、为它而活、擦亮它、把它拆解然后再拼起来。摩托车可以变成你的神,当你老到不能骑摩托车时,汽车也可以变成你的神。你的房屋也能变成你的神,直到它变成你梦想的华屋或豪宅,但你仍不会满足。你仍会继续为它贴壁纸作装修。你可以让事业成为你的神,我也认识那些全心敬拜事业之神的人,他们没有事业就活不

第一诫 除了我以外，你不可有别的神

下去，我真不知道他们退休后要怎么办。他们在事业的祭坛上牺牲了一切，某些情况中甚至牺牲了家庭。要拿东西来填补神形像的空格实在非常容易。

你甚至可以用教会来填空，为那些神根本插不上手的教会而活。这些都是当今的"神们"，而且都在我们身边。如果你不是用某样东西填空，你可能就是用某个人来填空。媒体时代的现象之一就是个人崇拜。

为什么流行偶像能得到更多的崇拜与情感回应？人们不愿出门花十分钟等候敬拜神的聚会开始，却愿意跑到机场坐着好几小时等着某位"明星"现身——这是为什么呢？"崇拜"通常都献给了流行偶像、节目主持人与政客——任何人都能垫个底座成为偶像。神说："除我以外，你不可有别的神。"有些父母崇拜他们的孩子。其它人注意到这点会说："你看，那位母亲根本在崇拜她的孩子。"你听过这种说法吗？或也许你有个女朋友或男朋友，已经取代了你对神的爱，成了你的优先首位，你为对方牺牲掉神。你也可以让你的丈夫或妻子，成为你的神。

你正试图填补这空格，却无法成功，因此你始终不满足——因为神没有进入其中。十诫第一诫就是："除我以外，你不可以有别的神。"——我必须是你生命中首先而唯一的敬拜对象。这是一条与我们息息相关的诫命，对我们的时代与世代意义重大。我要表达的是：除非神是你生活的中心，否则对你而言祂永远不是真

的。我遇过许多人对我说:"神不是真的,我无法与祂连结,无法感受到祂的同在。"其中的一个原因——不是必然如此,但确实是原因之一——可能就是那人并不想要神在他的生活中央,只要神在他生活的边缘。他们想把祂钉在生活的其余部分,想要把祂当成备胎以备不时之需。但神的诫命告诉我们:若我不是你一切事情的主,我就根本不是你的主。若我不在你生活中居首位,我也不会居于第二或第三位。除了我你不可以有其它的神。这也许是为何人们觉得很难与神连结。他们不想在生活中有个占据首位的,因为他们生命首位上早有其它事物。所以好吧,神可以当第二,或甚至第三,但第一名,免谈。

现在我们进入一个重大问题:我为什么该让神居于我生活的首位?你可以说服我为何我该服从这条诫命:"除我以外,你不可以有别的神"?我难道没自由选择我自己的神吗?我为何要求神,这位颁布十诫的神,成为我生活的第一优先?为何我,一位时髦的欧洲人,该相信一位旧约时代的神?我要将神给犹太人的理由告诉你。有两个基本理由,说明为何你生命中不该有其它的神:**现实与自由**。让我用简单明白的话来解释。第一,现实——耶和华是唯一真正存在的神,这就是为何你不应信奉其它的神。因此信奉他神就是将你的生活交付虚幻之中,活在幻境之中。"听好,"神说:"我是耶和华(Yahweh)你的神。"你知道耶和华的意思是什么吗?

第一诫 除了我以外，你不可有别的神

意思是："我是自有的。"换句话说，神在十诫开端就说："我是自有永有的。"这就是神的名字。

领受十诫的摩西，对神说："我要如何对以色列人说那召我的是谁呢？祢的名字是什么呢？"

神回答："那自有的打发你去。"

你知道历史上没有其它的神名为"自有的？"因为祂就是自有永有的神，其它的神都不是。这就是为何从没有人想到称其它的神为"自有的"——因为祂是自有的独一真神。你可以研究所有宗教文献，检视世上所有已知宗教，却绝对找不到一位名为"自有"的神，除了犹太人的神。

除了"自有的"——其它的神都属虚假。古代所有的神全都是虚假的。他们都是由人类想象虚构出来的，并非真实存在。我曾居住过回教国家，但我知道阿拉并非真实存在。世上有许多虔诚、委身的回教徒，每天对着不存在的神跪拜多次。这真悲哀，但他们的神不是"自有的"；他不存在。当你研究人们信奉过的所有超自然神祇，你等于是在综览人类的创造天赋，但你所研究的都是想象，不是真实。这些神并不存在，这就是为何除了神以外你不可有其它的神。无论你自觉多么虔诚，多么努力冥想，事实上却没有神垂听；只有你自己听到。

现在有人会说："好吧，超自然的神祇不存在，但我的摩托车可是真实摆在那儿。我的孩子在那儿，房子在那儿，花园在那儿，够真实了吧。

但真是如此吗？你无法对摩托车、汽车、事业、房屋与其它任何事物说——"我要称它们'自有的'"——因为很快有一天你就得说它们是"曾有的"。那辆可爱的新车几年后就会变成一堆废铁。之后住在你房子里的人若不是个园艺高手，你的家马上会杂草满园。那位男女朋友不会永远与你同在——即使你们结婚，也得说："直到死亡将我们分离"。这并非最终的现实。所有其它的神都不是真的，无法真实到成为神。事实上，所有其它的"神"——若他们是实质的、有形的、物质的——很可能你会活的比它们还久，它们终将离你而去。

我不在乎你信奉什么，把时间奉献在何处，你感觉什么带给你生命，但有一天你会失去它或它们，当你将来必须活在没有它们的处境中，你又怎可称它们为良善的神，真实的神？

因此这就是第一个理由："我是耶和华，""我是自有永有的"——你的神。我真实存在。这就是为何你不可有别的神——因为世上别无其它的神。

神给犹太人的第二个理由在此：我是耶和华——你的神，曾将你从埃及地为奴之家领出来。

祂不仅是唯一存在的神，祂还是拯救你释放你得着自由的独一神。其它的神都会奴役你。犹太人曾一度每日被拴上铁链受到鞭打，法老强迫他们不用麦杆却要制出砖头（译注：当时，砖头是用稻草、贝壳、木炭等混合制成的。）——制出他们几乎扛不起来的沉重泥砖——

第一诫 除了我以外，你不可有别的神

他们的处境悲惨，孩子被丢到尼罗河里喂鳄鱼。他们一度过着这样的生活，但神使他们得着自由。神说：现在，你不可有别的神。因为我给了你自由。不要回到为奴之家。不要再受其它人事物控制。我要你自由。这确实是神颁布我们这条诫命的目的——**我们应得着自由**。

让我回头来讲我的朋友肯恩。肯恩现在又在踢足球。他是个浸信会牧师，业余就在球队踢足球。但他会告诉你："现在我可以享受足球，却不受它辖制。"再回到克拉克女士的例子。她在好几年都没跟小宝宝接触之后，主耶和华带领她掌管救世军孤儿院，在那儿她所接触的小宝宝比她以前照顾过的还多。但克拉克女士说如今她能享受与这些小朋友相处，却不再把他们当神了。她自由，真正自由了。你的神是什么呢？你的神叫什么名字呢？我要告诉你，若你的神不是耶和华，那你就是受到某人或某事物的奴役。你的生命受到某人事物所捆绑而毫无自由。你甚至无法自由去享受那位"神"，因为你受到了奴役。神制定诫命不是要破坏你的乐趣或让你的生活狭隘悲惨。祂制定这些诫命是为了要让我们自由，我们在祂的服事中才有完全的自由。

这两个理由是不是已经够好——耶和华这位"自有的"神，才是唯一真实、给你自由的神？古代与现代人崇拜的神祇实没什么不同。当你研究一下古代的神，就会发现酒神巴克斯（Bacchus），而现今的人也常受到酒精奴役。古代有爱神，现代人也受到性的奴役。你发现

有这位与那位神，也会发现现代人仍在崇拜这些假神，只是可能换个名称。神说：我来是要释放你脱离一切假神，带你脱离为奴生涯，并赐你生命。

你也许会问我，我的神是谁，而我会告诉你：耶和华——就是这同一位神，但祂对我还有另一个意义。我的神就是"天父神"。我是从哪儿得来这名称？答案是因为有一天，祂的儿子诞生为一名犹太婴儿，而人类史上首次有人活在世上完全遵守十诫，完全没有崇拜过其它的神。

结果他是世界史上最自由的人。这位自由人享受来自神的一切，却从未受到奴役。这位身为神儿子的自由人，称神为"父"，他教导我们：若你们爱我，你们也可以如此称呼祂。这就是自由。律法乃经由摩西颁布，但恩典与真理却透过耶稣基督——而真理会叫你们得自由。

所以你的神叫什么名字呢？我的神是"天父"——耶稣的天父，也是我的天父。这是何等美好的神！

第二诫
不可为自己雕刻偶像

耶和华在西奈山和摩西说完了话，就把两块法版交给他，是神用指头写的石版。百姓见摩西迟延不下山，就大家聚集到亚伦那里，对他说："起来！为我们做神像，可以在我们前面引路；因为领我们出埃及地的那个摩西，我们不知道他遭了甚么事。"

亚伦对他们说："你们去摘下你们妻子、儿女耳上的金环，拿来给我。"百姓就都摘下他们耳上的金环，拿来给亚伦。亚伦从他们手里接过来，铸了一只牛犊，用雕刻的器具做成。

他们就说："以色列啊，这是领你出埃及地的神。"

亚伦看见，就在牛犊面前筑坛，且宣告说："明日要向耶和华守节。"次日清早，百姓起来献燔祭和平安祭，就坐下吃喝，起来玩耍（放纵情欲）。

耶和华吩咐摩西说："下去吧，因为你的百姓，就是你从埃及地领出来的，已经败坏了。他们快快偏离了我所吩咐的道，为自己铸了一只牛犊，向它下拜献祭，说：'以色列啊，这就是领你出埃及地的神。'"耶和华对摩西说："我看这百姓真是硬着颈项的百姓。你且由着我，我要向他们发烈怒，将他们灭绝，使你的后裔成为大国。"

但摩西便恳求耶和华——他的神说："耶和华啊，你为甚么向你的百姓发烈怒呢？这百姓是你用大力和大能的手从埃及地领出来的。为甚么使埃及人议论说'他领他们出去，是要降祸与他们，把他们杀在山中，将他们从地上除灭'？求你转意，不发你的烈怒，后悔，不降祸与你的百姓。求你记念你的仆人亚伯拉罕、艾萨克、以色列。你曾指着自己起誓说：'我必使你们的后裔像天上的星那样多，并且我所应许的这全地，必给你们的后裔，他们要永远承受为业。'"于是耶和华后悔，不把所说的祸降与他的百姓。摩西转身下山，手里拿着两块法版。这版是两面写的，这面那面都有字，是神的工作，字是神写的，刻在版上。

约书亚一听见百姓呼喊的声音，就对摩西说："在营里有争战的声音。"

但摩西说："这不是人打胜仗的声音，也不是人打败仗的声音，我所听见的乃是人歌唱的声音。"摩西挨近营前就看见牛犊，又看见人跳舞，便发烈怒，把两块版扔在山下摔碎了，又将他们所铸的牛犊用火焚烧，磨得粉碎，撒在水面上，叫以色列人喝。接着摩西对亚伦说："这百姓向你做了甚么？你竟使他们陷在大罪里！"

亚伦说："求我主不要发烈怒。这百姓专于作恶，是你知道的。他们对我说：'你为我们做神像，可以在我们

第二诫　不可为自己雕刻偶像

前面引路；因为领我们出埃及地的那个摩西，我们不知道他遭了甚么事。'我对他们说：'凡有金环的可以摘下来'，他们就给了我。我把金环扔在火中，这牛犊便出来了。"

摩西见百姓放肆（亚伦纵容他们，使他们在仇敌中间被讥刺），就站在营门中，说："凡属耶和华的，都要到我这里来！"于是利未的子孙都到他那里聚集。摩西对他们说："耶和华—以色列的神这样说：'你们各人把刀跨在腰间，在营中往来，从这门到那门，各人杀他的弟兄与同伴并邻舍。'"利未的子孙照摩西的话行了。那一天百姓中被杀的约有三千。摩西说："今天你们要自洁，归耶和华为圣，各人攻击他的儿子和弟兄，使耶和华赐福与你们。"

到了第二天，摩西对百姓说："你们犯了大罪。我如今要上耶和华那里去，或者可以为你们赎罪。"

摩西回到耶和华那里，说："唉！这百姓犯了大罪，为自己做了金像。倘或你肯赦免他们的罪，不然，求你从你所写的册上涂抹我的名。"

耶和华对摩西说："谁得罪我，我就从我的册上涂抹谁的名。现在你去领这百姓，往我所告诉你的地方去，我的使者必在你前面引路；只是到我追讨的日子，我必追讨他们的罪。"耶和华降下瘟疫杀百姓的缘故，是因他们同亚伦做了牛犊。

出埃及记 31 章 18 节——32 章 35 节

欢迎来到十诫第二诫：

"不可为自己雕刻偶像，也不可做甚么形像彷佛上天、下地，和地底下、水中的百物。不可跪拜那些像，也不可事奉它，因为我耶和华——你的神是忌邪的神。恨我的，我必追讨他的罪，自父及子，直到三四代；爱我、守我诫命的，我必向他们发慈爱，直到千代。"

许多人在第二诫找到极大安慰。这是少数几条大家能轻易遵守的诫命之一。有时我会讲到一个故事，在一个星期天晚上，两个名牛仔横越草原来到教会，他们唱歌吹哨，非常开心。他们到了铁皮屋教会里，听着牧师讲道，牧师把十诫从头到尾讲了一遍。因此当这两位牛仔骑马回家时，他们非常闷闷不乐，直到其中一位牛仔说："好吧，我想还好我从没为自己雕刻什么偶像。"

另一位说："我想我也从来没有。"

想到这里，他们有又开始唱歌吹哨。等他们到家时，已经跟出发时一样开心了。

因此也许你觉得自己不会从这条诫命的教导中得着多少。但等着看吧！若你从主耶稣的眼光来研读十诫，你会觉得十诫无一不是活泼的、有功效的，比两刃的剑更快，就像主耶稣手中的手术刀一样。

我从没想过要拿木头、石头或金属铸造神像设立在客厅或花园，对它下拜亲吻。我也没有冲动要这么做。这不是我的习惯，我也从没想过要这么做，因此我在这方面并不需要争战。

第二诫　不可为自己雕刻偶像

不过在十七世纪的英国，这条诫命却受到严肃看待。有关彷佛上天、下地，和地底下、水中的百物受到字面严格解释，使得许多基督徒甚至觉得艺术也受到禁止，因为你不能创作雕塑，或甚至在你家墙上挂上画作。有些清教徒的家非常朴素平淡，只因为十诫的关系。我深信他们误解了这条诫命，但仍产生了影响。

整体而言，相信圣经的基督徒常忽视艺术创作。这很悲哀，因为这使得那些不知如何使用艺术来荣耀神的人受限于既定表达方式。但神对美的兴趣，就跟祂对真理与良善的兴趣一样多，因为创造主，依照祂自己的形像创造我们，祂希望我们富有创意，能创造美与样式、色彩与音乐，以及使祂与我们都喜悦的艺术。

我不相信这条诫命，是在禁止创作形似神所创造万物的平面或立体样式。我之所以相信这条诫命并非针对艺术文化，是因为神本身，在祂指示百姓制作帐幕，与后来建造圣殿时，里面都含有绣艺、塑像、木雕与许多造型艺术的设计。因此无疑地，神也喜爱艺术。

那么，当时这条诫命所考虑的是什么？主要是关于崇拜。第一诫规范我们要敬拜谁："除了我以外，你不可有其它的神。"第二诫是规范我们如何敬拜："不可为自己雕刻偶像。"关键经文是："……不可跪拜那些像，也不可事奉它"。你必须整体理解这条诫命。它说的不只是制作表彰形体之物，还说到把该物当成敬拜的对象。

现在我要讨论三种形像。一种是*物质上的形像*，这是最为人所知，也是当我们读到这条诫命时首先想到的。另一种是思想上的形像——这是一样的，因为耶稣教导我们你在内心也可以违犯诫命，就如你的身体一样。还有一种就是道德上的形像。

但是首先，为何人会渴望形像？为何人类会渴望为自己铸造偶像，使它成为我们敬拜的对象？答案非常简单：我们生来就会用图像思考，更甚于用文字思考——这是最根本的困境。我们偏好用形像思考，已经到了一个程度，使我们在尝试理解某件事，而后理解时，我们会说："我明白了（I see）。"你有注意到这点吗？这是因为我们以图像思考，而神赐给了我们伟大的想象天赋。我们感谢神赐给我们如此天赋。举例来说，我们在建造教堂之前，会先想象出它的样子，做一个模型，然后再以水泥、砖块、木头与金属建造。这就是想象力！我们乃是用图像思考。

现在问题在此：当我们只听到叙述某事物的话语，我们会觉得难以理解，直到我们看到图像为止。教育学家明白这点，所以在教学上会利用视觉的辅助。视觉辅助的需求在电视与影像时代中更为增加，我们现在看多于听。

今日我们透过眼睛的"闸门"学习，会比透过耳朵"闸门"所学到的更多，因此我们会想要想象一幅图像。我们的问题是这个词："神"——这是个词。当你读到这词，你心中会有什么图像？现在你看到问题了吗？你要如何

第二诫 不可为自己雕刻偶像

"想象"神？一位坐在云端的长胡子老人？许多小朋友都把神想成这样。你是怎么想象祂呢？你觉得祂是什么样子？当有人说到："神"，或你读到神时，你脑海中会浮现怎样的画面？你脑海中有没有任何形像，或这只是个掠过你脑中的词？

问题在于若神只是一个词，它必须变成形像才有真实感，你才能在心里"看见"。但从没人看过神，约翰福音引用耶稣的话说："从没有人看见祂的形像。"钦定版圣经（Authorized Version）使用"形式"这个词，但希腊文为"形体"。所以神的"形体"是什么？我不知道，这就是问题所在。我要怎么思想祂？我要怎么想象祂？我需要一幅图像；我需要某种视觉辅助。我想看见神却看不见。从远古以来，人们就一直渴望看见神。

摩西自己说过："神，让我见一次祢的面吧。"

神说："不，你可以看见拖曳在我后面的一点荣光，但若你要见我，这是不行的。"

人类从未见过神。我们不知祂的形体是什么。我们不知道祂长什么样子。要敬拜一位你无法想象、描绘的神真是困难，而这也就是人们要为自己雕刻偶像的原因。

我们不仅会思索异教之神的样子，也会想着我们所敬拜的神是什么形像。十诫第一诫是关于其它神，但第二诫也是关乎信奉独一真神，想要却无法描绘祂的子民。有些人干脆放弃并说："没办法，我无法想象祂的样子，所以我根本无法理解。"也有人说："眼见为信。"但眼见为信根本讲不通。若你看见了，你就不须要去相信；眼不见才是相信，但这真困难，对吗？我们要如何相信你从未见过甚至无法想象的神？因此人们开始铸造形像。

现在关于所有雕刻偶像的基本原则就是：当你想要描绘某事物，你总会根据自己已经见过或认识的东西来描绘。你总会利用已知的来比拟未知的。若你对某个从没看过糖却看过盐的人形容糖，那么你可能会先从他们已经认识的图像说起："嗯，糖的样子就像盐。"你会从对方已知的东西开始形容。因此，若你要为神创造一个看得见的形像，可能就会从你已经见过的东西着手，也就是说你会开始从地上、天上或水中的某物开始——因为那些是你看过的。

所以，若你要创造出眼睛能见的神形像，你就必须从祂创造的东西开始，这就是偶像的功能。你不会用石头制作出一个无以名状的东西，说："这就是神的样子。"

因此摩西时代的犹太人从金牛犊着手。他们认识牛犊——牛犊是男性气概的象征。这也是西班牙斗牛传统背后的意义。少壮公牛——充满挑战的雄性动物，充满生气、性能力与权位——这就是公牛所象征的。所以以色列人会想着："神一定就像一头代表生命与权力源头的公牛。"因此他们制作了一头公牛犊，将祂设立为神像。

那雕刻偶像又哪里不对呢？有三点。第一，所有偶像都会弱化神。它们将造物主贬低为受造物，因为形像必须起始于你已经看过与认识的东西；你必须使神符合

第二诫　不可为自己雕刻偶像

祂所创造的一部分。因此，你就弱化了比任何受造物都伟大的造物主，使祂变得相似于祂所创造的东西。你弱化了神的伟大。当你将神变为金牛犊的形像，你不会高唱《你真伟大》(How Great Thou Art)，因为你已将神矮化为可以想象的大小。以赛亚写道："那圣者说：你们将谁比我，叫他与我相等呢？"答案是没有任何受造物能与神相似，没有什么能与祂相比。当你看着人所制作的偶像，那些他们制造的神形像，你会觉得他们真可悲。你不能对神这么做；这会弱化神。神是"永恒的"。当你读到这句，你想到什么图像？神是"不朽的"。当你读到这句，你想到什么图像？神是"超自然的"。当你读到这句，你想到什么图像？你看见问题所在了吗？当你雕刻偶像，你就将神弱化为暂存而终会朽坏的自然界物质。

　　雕刻偶像的第二个错误就是你不仅弱化神，你还限制神。神自始就无所不在，祂此时就在此地。但当你一铸造了金牛犊之后，你就会环顾周围然后说："这就是神所在之处。"你将神局限在一处；将祂放置放在某时某地，但神却是无限的神。因此这样不仅在空间上，也在行动上限制了神。偶像是死的，它不会动，不会说话，不会走路，不会响应你。你与偶像之间是单向的关系。以赛亚说："偶像——它不能说话不能行走，不能回答，偶像是死的。"

　　第三点，有形的形像不仅弱化与限制神——它们还迟早会取代神。神移到两旁，而你造的形像就成为你注意与爱慕的焦点。我与内子在结婚七个月后，就因我派驻海外而夫妻分隔两地（这都要感谢英国空军部队）。因此我带着她的装框相片。相片就在我的书桌上，对我意义重大常激起我的思念。但如果当她终于来与我团聚，我却不理会她，反而继续盯着相片看，她会做何感想呢？

"今晚来同我坐着谈心吧？"

"不了，我已经有了你的相片可看。每晚我都会给她晚安吻。"

"那今晚你何不亲亲我呢？"

"不了，我已经有你的照片了。"

这听来荒诞可笑，但正可形容雕刻神偶像的光景。迟早，神会遍察全地并看见有人恋慕着本意表彰祂的偶像。人类本来以为的帮助，反成了拦阻，分散了人对神的注意力。我绝不会忘记造访梵蒂冈教廷（Vatican）时，看见圣彼得铜像的脚趾因为长期受人们亲吻而磨损。我不禁想着若西门彼得的雕像能说话，他会对人们说什么。

敬拜中的视觉辅助，本身可能会吸引过多注意力。代表神的形像，迟早会取代神。让我告诉你我认识的一位女孩的故事，她在成为基督徒之后，就在卧室里挂了一幅耶稣像。圣经里并无一处禁止她这么做。她心想这能提醒她耶稣与她同在。但几星期后，她将这幅画像取下并打碎。你知道这是为什么吗？因为她发现自己对着画像祷告，而且是不自觉地。她以为这幅画像对她的信仰有帮助，结果却恰好相反。

第二诫 不可为自己雕刻偶像

这不表示你绝不能在周围挂上耶稣像。主日学就常使用耶稣像来教导孩子。但若你看见有个小朋友对着耶稣像祷告,你就不得不毁弃这画像了。雕刻的偶像会取代神。它会成为一种替代品,使你倚靠它。神不容许这样的事;祂是忌邪的神。

神继续在这条诫命中说:"我对你的爱是独占性的,我是忌邪的神,不容你将爱分给其它偶像。看见你将爱分给我其它的受造物——我根本无法忍受。你行这事的后果会遗传给你的儿子、孙子与曾孙。深远影响直到第四代。这会毁坏你的世代家族。"这就是神的话,祂严重看待这事。

在我们结束物质形像的讨论之前,我还想谈一下宗教象征。我们身在一个不安的时代。我说的宗教象征并不是表现神的形像之物,而是提醒人想起神的事物。它们属于相当不同的类别。耶稣自己也使用宗教性、物质性的象征来提醒我们属灵的真理。

我不属贵格教派(Quaker)。我也十分尊重基督教教友派(Society of Friends),然而他们在这方面已经太极端了,他们没有洗礼也没有圣餐礼。这些都是以物质表达象征意义,来提醒我们一些深切的属灵真理——在洗礼中用水,在圣餐礼中用面包与酒。它们都是耶稣所赐下物质性、可见的物体,有助我们的敬拜活动。注意:神使用一切平凡的东西。水——你可以在家中获得自来水。面包——你家食物柜里也有。面包与酒都是工人们的主要食物。耶稣拣选了最平凡的东西，以免我们开始产生偏好。若我们要使用宗教象征帮助我们敬拜神，应该要选择非常普通的东西，否则就会变得过于特殊。

可叹的是，甚至是洗礼与圣餐也在这方面受到滥用，因此我们有时会提到"圣水"、"圣桌"或"圣这个""圣那个"或其它"圣"物。但那只是水、面包与酒；没错，它们是用物质来代表的象征，但也仅止于此。它们不会在任何方面变成"有法力"。它们也不该成为人们信奉下拜的对象——这就是人们跪下领取面包与酒的起源。它们不该被保留视为某种特殊的神灵同在。它们只是简单、平凡的象征。我认为大原则就是你使用的宗教象征愈特殊，你就愈可能对神违犯铸造偶像的诫命。你就愈可能会在空间上局限神，认为祂神秘到与星期一、洗衣日、公司或商店无关。这就是为何我们许多人比较喜爱在一栋没有宗教象征，只有耶稣赐给我们的面包、酒与水的建筑物里敬拜。这样一来普通，却又美好。这是我的经验法则，只是提供给各位参考。我不认为悬挂十字架的教会是铸造偶像，因为这并非表示："神长得就是十字架的样子。"它并非在表彰神的形像，但一当人们开始对着十字架下拜或给予它额外的注意（甚至是说"摸了木头就可受保佑"），那十字架就不再是个象征，而是成为一个形像。这条线很难界定，会不断出现使人越界的危险。

现在让我们开始讨论心理上的形像。你可以用铁、

第二诫　不可为自己雕刻偶像

木头或石头铸造出一个形像，你也可以用思想塑造一个"形像"。先知以西结发现即使犹太人已经除去所有铸造的偶像——那些实体的偶像——但他们的心理上仍存在着错误的形像。他说："这些人已将他们的假神接到心里。"换句话说，他们仍在想象着错误的神形像。

你心里描绘的神形像是什么？你可能已经陷入了按照自己形像来想象神的危险中。你犯罪时是否会赦免自己？那么你就是凭己意创造神形像并说："反正我犯罪神会赦免我。"你是否放纵自己，容任自己犯罪？这就是种形像，而且不合乎事实。经上说："要打碎它。"

我犹记有位来参加教会崇拜的女士说："我用录音机播放你的讲道听了许多遍。我在心中描绘你的样子，但你本人跟我想象的一点都不像。"我不敢问她她把我想象成什么样子，因为她很清楚说明她比较喜欢自己想象中的我。但你也曾那么做——你听闻了某些人，在心中建立起他们的形像，然后你到车站与他们会面，却看不到任何样子像你心中期待的人。你心里的形像与本人并不吻合，因此你可能就错过了他们。同样地，你也可能为神制造了一个与祂本质完全不符的心理形像——而当你与真实的神相遇时，你将会大吃一惊。

有人认为神永远不会就我们做过的事情审判我们，以为神绝不会把任何人送往地狱，认为神是个多愁善感的老爷爷，更像耶诞老人而非耶稣基督——太多人这么认为了。你只要听听一般葬礼过后茶会中的对话就可知道。这么多人想象的神形像与圣经里的神大相径庭。当你想象神的样子，你必须不断检视你所创造的神样式，是否违背了神对自己本质的陈述，否则你的信心就是建立在虚假而非真实上。

我们也可能透过心理形像来违犯十诫第二诫，但我还要谈谈第三种形像。第三种形像也是塑造的形像，但它并非人手所造，而是神的手所造。你知不知道神知道我们很难想象祂？你知不知道祂渴望当你提到"神"时，心中有一幅图像？祂都考虑到了。你知不知道祂说什么呢？"我们要照着我们的形像、按着我们的样式造人。"这是史上第一个形像，而且是精确的神形像。世上第一个人类的名字是亚当。世上第一个人类是个塑造出来的形像，不是人手所造，而是神的手，如此人们能够看着亚当说："现在我知道神是什么样子，现在我心中有个谱了。"这就是亚当受造时的样子。

现在思考一下。亚当在哪一方面拥有神的形像？我们知道神没有身体——神是灵——然而我们身体的各功能都以极深奥的方式回应着神的功能。这就是为何圣经清楚讲到耶和华的眼目看顾义人；祂的耳朵听他们的呼求，或神的嘴曾说过，甚至神的鼻孔曾闻过。这就是为何圣经明确说到神的膀臂与手、神的手指，与神的肾脏与肠子。圣经都有讲到这些。我们的器官百体都以奇妙的方式回应神的真实功能。神能看见，神能听见，神能闻到，但神并非仅止于此，因为祂的形像仍然存在。但形像的一部分失

第二诫 不可为自己雕刻偶像

落了。亚当身上有神的形像，因为亚当受造要永远活着，也为爱受造。亚当受造是为了关系，为了与神沟通，依照神的形像受造。当你在亚当受造时看着他，看着他是怎样的人，你会说："这就是神曾有与仍有的样式。"这岂不美妙？但你我皆知亚当的后裔不再是如此。你会喜欢有人巨细靡遗调查你的生活，下定结论认为这就是神的样式吗？答案是"不喜欢——绝对不要。"

哪里不对劲？这是因为那仍具轮廓的形像已经模糊受到了玷污与破坏。因此现在你无法看着一个人并说："这就是神的样式。"我认识有些人，他们告诉我自己在祷告时怎么也无法说出"父亲"这个词，因为他们想到了自己肉身父亲的样子。因此我们再也无法看着亚当的后裔并说："这是神所造的形像；这就是神的样式。神就是这样。"因此几世纪以来人们都没有神的长像。人们看着彼此，只看到撒但。他们看见邪恶与丑陋之事。因此他们试图铸造金牛犊，试图恢复神的形像，而当然，他们每次都失败，因为他们是在虚构神的形像。

神对此怎么做呢？祂造了第二个亚当。祂开启了新的人性，新的人类。这里有些新约里关于耶稣的描述。保罗在歌罗西书中写道："耶稣是那不能看见之神的像，"又对哥林多人写道："基督本是神的像。"在希伯来书说："耶稣是神荣耀所发的光辉，是神本体的真相"。在歌罗西书，保罗又再次写道："因为神本性一切的丰盛都有形有体地居住在耶稣里面。"

终于，人们又有了神的形像，但这是神所铸造的形像，在马利亚的子宫里编织成就这形像，好让耶稣行在世上时，人们可以看着耶稣说："这就是神的样式。他是父神的形像。"你是否曾听过关于人子的说法呢？你可以如此形容耶稣——他是他父神的形像。若你渴望知道遇见神是什么感觉，祂的性格与反应是如何，祂对我们有什么感受，只要阅读耶稣的生平。容我向你推荐一本小册子——Jesus, the Revolutionary，作者是美国南方的一位浸信会牧师——这只是薄薄一本书，但我推荐你去购买阅读它。书中以美妙的方式表现了耶稣的个性，使你读到尾声会觉得："是的，我觉得我认识了这人。"当你认识了耶稣，你就认识了神。

　　耶稣一生最感动人的事迹之一，就是在他死前的晚上，当腓力说："主阿，你一直在讲天国的事，我们甚至不知天国在何处与如何进天国。我们也甚至不知遇见神是什个感受。求主将神，将父显给我们看，只让我们一瞥天父，我们就知足了。我们所求的就是如此，只要一瞥神就好。"

　　耶稣说："腓力，我与你们同在这样久，你还不认识我吗？你已经看见了父整整三年，仍不知祂是什么样子。人看见了我，就是看见了父；你怎么说'将父显给我们看'呢？你已看过祂了。"

　　但可悲的是现在你我甚至看不见耶稣。他已回到天父的荣耀中。我们无法看到他，直到他再来——那么我

第二诫 不可为自己雕刻偶像

们就会真正见到他的面。耶稣从未留下肖像。从未有雕塑家为他雕塑塑像。这真可惜,不是吗?我们真希望某处有个雕像让我们能看着说:"啊,这就是神的样子",但耶稣比我们更有智慧。历史并未记载耶稣的外貌。我不知他是五英尺高还是六英尺高,还是六英尺六吋高。我不知道他是白皮肤还是黑皮肤;我不知道他的眼睛是蓝色还是棕色(可能是深棕色)。除了当时的人以外,没有人知道。

那我现在要怎么办呢?我看不见神,我看不见耶稣。我无计可施!真的吗?因为接着神开始创造更新的人,改变过的人,使他们更像耶稣。歌罗西书3章说:"穿上了新人。这新人在知识上渐渐更新,正如造他主的形像。"罗马书8章说:"因为他预先所知道的人,就预先定下效法他儿子的模样。"哥林多后书3章:"我们众人既然敞着脸得以看见主的荣光,好像从镜子里返照,就变成主的形状,荣上加荣,如同从主的灵变成的。"这样你了解了吗?神渴望人看见祂的性格,不是借着石像或金属,不是凭着单纯的臆测想象,而是借着改变过的人。多年以来,我有荣幸服事神的子民,当我们看着彼此时,我能说:"我可以看见耶稣的样子,因为我能看见这样子,我就能明白神的样式。"

第三诫
不可妄称耶和华——你神的名

当乌西雅王崩的那年,我见主坐在高高的宝座上。他的衣裳垂下,遮满圣殿。其上有撒拉弗侍立,各有六个翅膀:用两个翅膀遮脸,两个翅膀遮脚,两个翅膀飞翔;彼此呼喊说:圣哉!圣哉!圣哉!万军之耶和华;他的荣光充满全地!因呼喊者的声音,门坎的根基震动,殿充满了烟云。

那时我说:"祸哉!我灭亡了!因为我是嘴唇不洁的人,又住在嘴唇不洁的民中,又因我眼见大君王—万军之耶和华。"

有一撒拉弗飞到我跟前,手里拿着红炭,是用火剪从坛上取下来的,将炭沾我的口,说:"看哪,这炭沾了你的嘴,你的罪孽便除掉,你的罪恶就赦免了。"我又听见主的声音说:"我可以差遣谁呢?谁肯为我们去呢?"

我说:"我在这里,请差遣我!"

以赛亚书 6 章 1-8 节

十诫第一诫主要是关于我们心里想的,第二诫关乎我们手所做的,而第三诫则关乎我们嘴里说的。"你不可妄称耶和华——你神的名；因为妄称耶和华名的，耶和华必不以他为无罪。"

圣经的教义非常严肃看待我们说出的话语。话语非常重要，重要到耶稣曾说我们口里所说的闲话，当审判的日子，必要句句供出来；因为要凭你的话定你为义，也要凭你的话定你有罪——不是我们经过思虑说出的话，而是我们疲累、有压力时，每一句未经思考而脱口而出的话，那些话在我们发现之前，就已经脱口而出。我们将会因此受审判。

为何神如此严肃看待话语？我们说"喔，那只是话语。""只是话语？"神绝不会这么说，因为祂看重话语。神使用话语达成两个目的。第一，来显明祂自己。这是我们唯一能明白神样式的管道。我们看不见祂，摸不着祂，耳朵听不到祂。我们要如何得知神是什么样子？答案就是：透过话语。若神不是说话的神，我们就无法知道祂是什么样子。但神已经——几世纪以来——在圣经里赐给了我们七十五万个词。因为那些话语，我们就知道神的样子。

你口中说出的话，会显明你真正的样子。若你渴望知道一个人心里在想什么，那么就要仔细观察他口中说出的话。

神使用话语的第二个目的就是要改变人。起初，神就在说话，"要有光"——就有了光。当祂说："诸水之间要有空气，将水分为上下。"事就这样成了——只要一句话。当祂说："要有生命；植物、动物、鱼与雀鸟"，生命就出现了。但最重要的，神靠着使用话语来改变人。这就是为何祂仍使用讲道作为改变人生命的主要方式之一。人们说到讲道会说："那只是一些话。"讲道成就了什么？若你明白单靠话语就能成就什么，你会感到惊叹，但那必须是神的话语。

同样地，你说的话也在帮忙改变他人。话语不仅能洞悉我们的内在，更能改变他人。你这一星期的对话已经帮助改变你遇到的人。你借着对他们说出的话，使他们变得更好或更坏，影响了他们的心。八卦闲言永远是杀伤力最强的话语之一。

因此话语受到不当利用会如何？当我妄称神的名，人们会立刻问我这是什么意思，这时我不仅说出我自己的心念，影响伤害了其它人，我还侮辱了我口中提到的神。由于你不可能在神缺席的情况下说话，或在祂背后讲祂坏话，妄称神的名就是当祂的面污辱祂。那些妄称神之名的人，让我们看见他们自己的心智与内心状态。他们对人有邪恶的影响力，在神的同在中以话语污辱神。因此必须规范在十诫之中。

但妄称神的名到底是什么意思呢？让我们更进一步讨论名字的意义。名字就是使一个人与其它人不同的标记。遇到与你同名的人会令你有点烦扰不安。我记得自己曾遇见一位我以前不认识的人也姓鲍森，后来改了姓（在我认识他之前）。姓名与人密切关联，因此你对姓名的所作所为会影响到拥有那名字的人。若你忘记某人的姓名，表示你马上就忘了这个人，没有想到他们，这可能会造成尴尬。危险的是我们将人与姓名分开，当你这么做，你就是在妄称滥用他们的名字。你喝茶会不会配三明治？如果会，你有没有想到过三明治伯爵（Earl of Sandwich）？因为那就是你正使用的食物名称由来；他是首位想到边打仗还能边吃东西这妙计的人。他在两片面包里夹入肉片。你经常会用到他的名字，但你却从没想过这个人。你穿着英式威灵顿雨靴（Wellington boots），但你套上靴子时却不会想到威灵顿公爵（the Duke of Wellington）。这些都是很傻的例子，但你从这两个例子里都可以看出我的意思。你使用一个人的名字，却压根儿没想到他。这人的名字与人本身分开了。若这人已经过世，那还说得过去，然而神却没过世。

神仍活着并与人同在。以无聊空洞的方式，无意义地使用神的名，对祂是种侮辱。这就是"妄称"的意思。"妄"表示"无意义""虚空""像肥皂泡一样破灭"。也就是说你在使用神之名的同时，却没有任何感受或想法。这就是妄称神之名的意思。

让我们检视一下你可能使用神之名却徒具任何意义的五种情况。

第一，也许也是较不可能发生的：就是在法庭上作伪证（注：英国法庭要求原告、被告与证人在陈述前要对圣经发誓）。所有人类社会的基本问题就是如何分辨一

第三诫 不可妄称耶和华——你神的名

个人是否说实话，因为我们都是说谎大师。我们很小就学到如何说谎。因此你要如何分辨某人是否在说实话呢？其中一个方法就是要他们发誓。这是常用的方法，你可能去律师那儿签署宣誓书或发誓，保证你所言属实。每个法庭都这么做，何以如此呢？它的真正意义在于："你是否准备好呼求神见证你所说的话呢？"但惟有在你相信神，相信你若妄称祂的名，祂必不以你为无罪时，发誓才有意义。这就是为何我希望法庭能舍弃这项惯用程序，因为显然多数右手拿着圣经的人，其实并不真正相信自己若没说实话，神就会惩罚他们。这已经徒具形式。

我若被要求发誓，坦白说我认为自己会选择非宗教誓词，这是法律许可的，许多人可能会感到惊讶——有些不信神的人会拒绝持圣经宣誓。但我希望更多人选择非宗教誓词——因为这可能更有意义。但伪证罪就是要神见证你的陈述然后你还说谎。有些人惯用这种流行的说法："若不是这样我死给你看。"这是同样的情况，等于要神见证你的说法，若你没说实话就惩罚你。基督徒可能会说："神为证……"保罗在他的书信中多次说："神可以见证我所说的是实话。"这是一种合理的形式，用以强调你所言属实。起誓又说谎，等同招聚神的严厉惩罚。

当耶稣论到这类誓言——发誓——他教导基督徒应有的目标是正直的言语，毋须以发誓来说服人自己所言属实，因为你的"是"就是"是"，"不是"就是"不是"，因此你毋须以天地、神或任何东西来起誓。若你说

"是"，人们知道你说的是实话。若有人每句话一开头就是"坦白说"，你就要抱持疑虑了，因为如果他们必须用这方法来为自己的话背书，那表示平时他们没用这句作为开头时，可信度就有问题。

你可以想象一个每个人都说实话的社会吗？我想律师会损失不少生意，人与人的关系也会有惊人改变。法庭上当然也就不需要发誓。人们被问到问题时会据实回答——但这不是我们的世界。我们活在谎言的世界，因为这世界是属魔鬼的，而牠是谎言之父，教我们一学会说话就开始说谎。若有人发誓，他就是以神起誓自己说的是实话，而且是**完整的**真相，因为人可能会藉由隐瞒某事来说谎，并且是除了真相**别无其它**，因为人也可能在事实上面加油添醋来说谎。这就是伪证，而且是妄称神的名。

第二种妄称神之名的情况，就是亵渎神的言语。现代人不像以前的人那么常说"天呀（gosh）"，"唉唷（Crikey）"，但却常随随便便说："神！（God!）""我的神阿（Oh my God）或基督阿（Christ！）"，用以表示惊讶或强调某事。媒体上可以听到更多亵渎神的话。这那里不对呢？有些人指说者无心。人们说："你知道这只是讲话习惯，又不代表什么意思。"有段时间人们还会说："我只在工作时会这么说，但不会在妻小面前。"他们对此还曾有些良心上的谴责，但如今全都消失殆尽。

这只是无知或缺乏教育的表现吗？——这只表示某

第三诫 不可妄称耶和华——你神的名

人受的教育还不够他合宜地使用词汇，因此他不出三句话就老回头求助于同样的形容词吗？这是严重还是不严重？基于以下理由，我相信十诫第三诫说这很严重：这种语气词的确切问题正是它毫无意义；你剥夺了这词的意义，贬低了关于神的话语。若你轻浮、无聊地使用神之名或基督之名，迟早你会影响别人也不把神的名当回事——这就是危险。

可惜，一直以来都有许多人从贬低神圣词汇的习惯中获得残暴的快感。我们历经一个时代，人们听到有人在电视上说脏话就会觉得很兴奋。这年代很快就迈向死亡。

今日，你常发现那些真正认识神的人不会说："我的神"来使用祂的名，除非他们真心要说出关于祂的重要陈述。

第三种妄称神之名的情况，我称之为轻浮言语。若你能以自嘲来点幽默是颇有用处的。当事物不相称时，就会产生趣味感。例如一位身型壮硕高胖的人带着一顶小圆帽就是不相称，或是一位非常庄重的人踩到香蕉皮滑跤。正因为这不相称，所以我们会发笑。笑是好事，因为你的幽默感使你的比例感保持正确。闹剧的幽默有助表达人类的虚荣可以多么荒谬。葛培理（Billy Graham）在接受电视访问时，制作单位忽然让他观看两段喜剧影片。第一段滑稽地描述一位宗教人物在保持严肃时被自己的长袍绊倒——也就是常见的闹剧桥段。葛培理抬头大笑，看得很开心。他觉得很好笑，因为影片表达出人类的浮夸仪式，是多么容易变成自我炫耀。他是因为人类的虚浮而笑，还有人类在假装维持庄严外貌时的荒诞脱稿演出。接着制作单位让他观看另一个节目，节目中两位知名喜剧演员到了以珍珠装饰的天堂大门前，进入天堂里四处观看，想要寻找自己喜爱的事物却遍寻不着，最后有个人说了："这真是地狱（hell）"作为结尾。

葛培理从头到尾都没笑。主持人问他："你在看第二段影片时为何都没笑？"

他说："因为在第一段影片，我看到的是人类的愚蒙，我们所做的傻事。但在第二段影片，你们正在嗤笑神的创造。"

他明白画下了界线。现在有些人会觉得葛培理画的界线与他们的不同，例如他们就觉得人们绝不该嘲笑教会。这个嘛，教会属神的那一面的确不该受到嘲笑，但我认为属人的那一面有时却可笑极了。以上两段影片都表达了不相称，但你可以看出两者的界线。

其中一个危险，就是你的幽默感可能会导致你用轻浮的态度看待严肃的事，这很危险。让我举些例子给你。死亡是很严肃的主题。圣经从不拿死亡来开玩笑，你也不应该。死亡是你在世上最大的敌人；是你要面对的最后仇敌。嘲笑死亡就是帮助人逃避死亡，不去面对死亡并做好准备。这对灵魂有害。嘲笑天国或地狱，就是让人把它们当作玩笑，如此就不把它们当真而严肃看待。所以我们永远不该拿天国的摆设或地狱的温度来开玩笑。

但感谢神，天国是如此真实，地狱也是。天国美丽而地狱恐怖，两者都应受到严肃看待。轻浮言行却轻看这两者。奇怪的是，那些拿神开玩笑的人，通常会试图避免神的名，而用"老先生"，"楼上的老兄"或"上头那位"来称呼祂。也许他们还有残余的基督徒良心。界线就在于此。

妄称神之名的第四种情形，也是耶稣已经无法以耐心怜悯看待的这种情况：假冒为善。这就是嘴上说的，与我们的行为与心思不一致。这有两种形式。一是你嘴上说一套，心里想的却是另一套。另一种就是嘴上说一回事，生命表现出来的却是另一回事，我们都犯过这种罪。

在教会敬拜中，你有没有发现自己心不在焉？我记得自己有这种状况，我的心神飘到崇拜之前我一直在思考的紧急问题，使我必须马上将它拉回来。这就是妄称神的名。

我记得有个人在成为基督徒之前就与他的妻子来到教会几年。在他信主之前，我注意到他在唱诗歌时，会站起来拿着他的诗歌本，但他没唱出任何一句，他告诉我这是为什么。他说："除非我相信，我才会唱出来。"

我感谢他没有唱。我说："我希望更多人能诚实看待唱诗歌。"因此你能想象当我看见他唱出诗歌时我有多么兴奋吗？如今他口唱心合，但甚至是在他成为基督徒之后，他也告诉我有一首歌他就是无法唱出来，那就是"我一生求主管理，愿献身心为活祭"（Take my life and let it be, Consecrated, Lord to Thee）。他无法唱出来的原因是这段歌词："我的金银献给你，无留淡薄为自己。"直到他整顿好财务使之建全之前，他觉得自己无法唱出这句歌词。他不要妄称神的名。

我们可能妄称神之名的第五种情况——也是最亵渎神的一种——就是为了某种神不认许的信念或行为称神之名。可怕的事实是宣称自己是基督徒的人，已经将福音颠倒解释，而且是奉神之名。在英国国教会（Church of England）有一项健康的惯例，就是在崇拜开始时起立，牧师要说："奉圣父，圣子与圣灵的名。"若教会在崇拜开始时这么做，接着却开始讲述最新的哲学、心理学或政治，就是违犯了这一诫。

若我要以"奉圣父之名……"做为开头，我就必须确保自己所讲的道是天父的道。这也适用于我们的行为。我们可能会说："奉神之名，这早该做好了。"作为一种抱怨。

中世纪天主教审讯异端的法庭就是称神的名。十字军东征就是奉基督的名开始。历史上还有"圣战"是奉我们主的名。教会历史充满了这类可耻的例子，但我们仍在继续这么做。我们深信自己明白对错，严重到能够宣称神之名来正当化自己的特定行为，实际上却离真理好远。

我们检视了五种亵渎神之名的情况，可能还有其它情况。若我问你你有没有违犯第三诫，你会承认自己有吗？我必须承认我有。这些诫命真的切入我们的内心。神严肃看待话语，因为对祂来说话语是人类与野兽的分别。我的狗没有说话的能力，但我有，而且我能以动物绝对不能的方式来沟通。语言的恩赐是人类的标记之一。这恩赐能将我高举于动物或使我连动物都不如，因为我的狗不会亵渎神之名。话语的恩赐可以高举一个人或拉低一个人。

雅各说舌头有如从地狱点着的燎原大火，就像涌出祝福或咒诅的泉源，能涌出苦水或甜水给人喝。雅各甚至说若你在话语上没有过失，你就是完全人。舌头是百体中最难控制的部位。

因此在口舌上犯罪就是违犯了神的诫命。那有无治愈之道呢？

你要如何阻挡森林大火？我曾读过一则故事讲到法国村庄里一位女士很爱讲人闲话。她到处揭人长短。最后有一天她领悟到这个罪，跑去找她的神父，神父在她认罪后对她说："你必须赎罪苦修。"

她说："我什么都愿意做。"

神父："好吧，你去帮两只鸡拔毛，然后把鸡毛放近袋里，走到大街上，把鸡毛沿街倒出来。"

她照做，回来后对神父说："我得赦免了吗？"

他说："还没，你的赎罪苦修还有一部分没完成。现在去街上将所有鸡毛都捡起来。"

她回到街上，看见这儿、那儿、到处都是鸡毛，但多数鸡毛都已经不见。她回来对神父说:"我永远也捡不完。"

他说:"对,你永远也无法将你口舌对这村庄造成的伤害回复原状。"

这有解决方法吗?你知道犹太人的解方是什么吗?那是种消极方法,也并不真正有效。那就是完全不称神的名——绝不。在耶稣来到世上以前的几世纪以来,犹太人愈来愈恐惧使用神的名而停止使用。他们习惯说:"去向那名号祷告。"然后也只偷偷地呢喃着。久而久之这惯行已经普遍到今日没有一个人,包括我,知道要如何发音神的名字。我们认为念起来应该是"耶和华(Yahweh)",这名被译为英文,但甚至连犹太人也不知道起初的发音是什么。我们知道这意思是"自有的(I am)",但没人知道这是如何说出的,因此我们已经失去了旧约里神的名字。

在你的英文圣经里,你不会看到名字,只是看到一个词——"主(Lord)"——但你在旧约圣经里看到每一个开头大写的这个词,它本来都应该是神的名字,然而如今我们却不知祂的名字,因此无法将祂的名字放在那儿,祂的名字已经失传了。犹太人避免妄称神之名的方法,就是把"妄"字删掉,变成"不可称呼神的名。"这解决了部分问题,但衍生出来的问题就是没人敢讲到神。因此就像人们妄称神之名而无法敬畏神一样,人们藉由完全不称呼神之名,同样也不认真看待神。

第三诫 不可妄称耶和华——你神的名

你可以看出这两种方式造成了同样的后果吗？这是一种消极的解方，而且没什么效果。你知道这就是为何犹太人不喜欢耶稣的原因吗？因为他如此自由地称呼神的名，而犹太人连发音神的名字都不敢。他们以为自己要是称呼神的名就会被击杀。耶稣却总说："我是（I am）生命的粮。"

犹太人说："你怎能宣称自己认识亚伯拉罕？你还不到五十岁。"

耶稣说："在亚伯拉罕之前，我就已经存在了。"他们因此拿石头丢他，或试图拿石头砸他。

当犹太人来逮捕耶稣时，人问他们："你们在找谁？"

他们回答："拿撒勒的耶稣。"

他说："我就是（I am）……"犹太人跌倒在地，害怕地连身体都僵直了。因为耶稣使用了这神圣的名字。

在审判时，犹太人问耶稣："你是基督，永生神的儿子吗？"

他说："……我是。"

大祭司撕开衣服说："你们不需要更多证人，这人已经说了僭妄的话。你们都听见他用神圣之名称呼自己吗？"他们只因耶稣用神圣的名字称呼自己就判他死刑，说耶稣亵渎神。这不是亵渎，这是事实。但你可以察觉到犹太人的态度——只是这态度并解决不了问题。

让我告诉你解决之道是什么。解方是积极而不是消极的。解决之道不是滥称神之名或干脆闭口不提——而是正当使用神之名；是将名字与人重新结合起来。是将两者密切结合到当你提到名字时，你就想到那人。若你这么做，你就不会滥用这名。当你妄称神之名的同时，就是把名字从本人抽离，空洞无意义地使用这名字。将人与名字重新结合——这就是解答。

我们的主现在有个新名字。对我来说我们不知道神的希伯来名字，并因为完全无法发音而无法在祷告中讲出这名字并不重要。神有个新名字，这名超乎万名之名。这名就是耶稣，这就是我们神的名字。

我知道人们仍在妄称神之名。我知道人们在事情不顺时就会滥用神之名咒骂。我知道人们将神之名当成一种"温和"的咒骂，我也知道在他们使用神之名时，并没有任何意义。这就是问题所在——他们毫无意义地称神之名。这名属于曾来到世上并依然活着的最伟大的人。一旦你认识这人与他建立关系，你就不会滥用他的名。信主的人会发生的第一件事就是他们会停止咒骂。你注意到了吗？当他们认识了神，他们不再说："唉我的神阿（My God）"或"我的神呐（Good Lord）"——因为如今他们认识了这位好神。若他们说了这些话，那必定带有意义，充满重要性与目标。

这要如何成就？第一步：**罪得赦免**。你需要口得洁净，这种洁净只有神能提供。以赛亚看见主，坐在高高的宝座上。他突然想起自己曾说过的每句话。他祷告："主阿，我完了，我惨啦！你知道我嘴里的每一句话都不洁净；我是嘴唇不洁的人，我周围的人所讲的话也一样不洁净。我跟他们犯了一样的罪。"

接着祭坛上有炭烧尽。神说："你的罪被赦免了。"

这是第一步。耶稣的死挪去了你我口舌的罪，并为这罪付上了代价。因此我所有的假见证、咒骂与轻浮言语，以及假冒为善与亵渎的言语，都在耶稣里得了赦免与宽恕；这就是第一步。

第二步：我需要的不仅是口得洁净，因为口舌只是表达头脑里的思想；我需要心智改变，需要"洗脑"，若你想这么称呼就这么称呼吧，但这不是那种人为的洗脑——而是远比这更深刻的洗净。但"洗脑"不会使人变好；我还需要重生。所以这就是答案吗？不完全是，因为新的心智仍然必须活在旧有的脑中，而旧脑有种习惯，当我疲累或受到压力时，旧日的说话习惯可能就又跑出来。这习惯不是来自我更新的心智，而是来自我的旧脑。因此我还需要别的。

第三步：和好，一段新的关系。如今我称神为"父神"。你会以轻浮或亵渎的方式讲到自己的父亲吗？这是错的。和好会建立关系，因此我现在明白无论我在哪里，无论我在哪儿开口说话，祂都在听。我是在祂的面前说话，不是在祂背后说话，所以我根本不会说出关于祂而不妥的话。

第四步就是启示。保罗在加拉太书写道："神透过我启示出祂的儿子。"从今而后，我的口要妥适称呼主的名。我告诉你：你无法同时正确又错误称呼主的名。你根本做不到。若你正当称呼主的名，那么你就不会妄称。这就是正面的答案——借着正当称呼主的名，取代空洞无意义的妄称。这就是解药。我向你保证若你正当称呼主的名，你就能毫无困难地遵守十诫第三诫。

当你受洗时，你就有了一个新名字——不是你的名字，而是基督的名字。你受洗归入祂的名下，你贯上了这个名字。当初代基督徒受洗时，他们不仅以生命承受了耶稣的名，也用嘴唇承受。你在受洗后所做的每件事都是奉耶稣的名。你的聚会团契是奉耶稣的名，因为只要有两三个人奉耶稣的名聚会，耶稣就在他们中间。你的祷告是奉耶稣的名——因为"你们奉我的名求什么，我父必成就。"你的服事是奉耶稣的名，"无论何人因我的名，把一杯凉水给人喝，（这人不能不得赏赐）。"你的权能是奉耶稣的名，使你得以说："奉耶稣的名。"而这名就拥有权能。你的受苦是因耶稣的名，而你将必须学习因着你配为祂的名受苦而喜乐，你的荣耀也将是奉耶稣的名。从现在起一切都是奉祂的名，耶稣的名现在就在你的手中。祂在人群中会有好名声或坏名声，取决于我们。我们已经称呼祂的名——不是妄称，而是心怀意义。

当你正当称呼主名，你会发现周围的人会开始因为自己妄称神的名感到难为情。你注意到了吗？这会使他们更常咒骂或停止咒骂，但祂们就是无法像之前一样。由于你正当称呼主名，他们也必须选边站。

第三诫 不可妄称耶和华——你神的名

我常讲到一位男子，她的未婚妻与他解除婚约，全是因为受不了他的脏话。他心碎地回家，跪下向神祷告说："主耶稣，祢能不能改造我的口舌呢？祢能不能洁净我的话语呢？求祢作工吧。"

他躺回床上，睡了一晚，早上醒来觉得一切如常。他心想："自言自语就叫祷告，这真是自欺欺人——因为根本没人在听。"他出门上班，周一工作了一整天。接着到了晚上下班回家时，他在隔壁工厂上班的朋友问说："高登，你还好吗？"

"还好。"

"你身体还好吗？"

"还好。"

"真的吗？"

"真的，怎么了？"

"你今天一整天都没咒骂说脏话。"

那已是陈年往事了。如今他与这女孩拥有一个美满的家庭。他会告诉你从那时他再也没咒骂过了。你不可妄称神的名。神不会以妄称祂名的人为无罪。毋须加上其它罪恶，单单妄称神之名，就足以使人下地狱。因此起身接受洗礼，洗去你的罪恶，求告耶稣的名吧。

第四诫
当记念安息日

起初，神创造天地。地是空虚混沌，渊面黑暗；神的灵运行在水面上。神说："要有光"，就有了光。神看光是好的，就把光暗分开了。神称光为"昼"，称暗为"夜"。有晚上，有早晨，这是头一日。神说："诸水之间要有空气，将水分为上下。"神就造出空气，将空气以下的水、空气以上的水分开了。事就这样成了。神称空气为"天"。有晚上，有早晨，是第二日。

神说："天下的水要聚在一处，使旱地露出来。"事就这样成了。神称旱地为"地"，称水的聚处为"海"。神看着是好的。神说："地要发生青草和结种子的菜蔬，并结果子的树木，各从其类，果子都包着核。"

事就这样成了。神看着是好的。是第三日。神说："天上要有光体，可以分昼夜，作记号，定节令、日子、年岁，并要发光在天空，普照在地上。"事就这样成了。于是神造了两个大光，大的管昼，小的管夜，又造众星，就把这些光摆列在天空，普照在地上，管理昼夜，分别明暗。神看着是好的。

有晚上，有早晨，是第四日。神说："水要多多滋生有生命的物；要有雀鸟飞在地面以上，天空之中。"神就造出大鱼和水中所滋生各样有生命的动物，各从其类；又造出各样飞鸟，各从其类。神看着是好的。神就赐福给这一切，说："滋生繁多，充满海中的水；雀鸟也要多生在地上。"有晚上，有早晨，是第五日。

神说："地要生出活物来，各从其类；牲畜、昆虫、野兽，各从其类。"事就这样成了。于是神造出野兽，各从其类；牲畜，各从其类；地上一切昆虫，各从其类。神看着是好的。神说："我们要照着我们的形像、按着我们的样式造人，使他们管理海里的鱼、空中的鸟、地上的牲畜，和全地，并地上所爬的一切昆虫。"

神就照着自己的形像造人，乃是照着他的形像造男造女。神就赐福给他们，又对他们说："要生养众多，遍满地面，治理这地，也要管理海里的鱼、空中的鸟，和地上各样行动的活物。"神说："看哪，我将遍地上一切结种子的菜蔬和一切树上所结有核的果子全赐给你们作食物。至于地上的走兽和空中的飞鸟，并各样爬在地上有生命的物，我将青草赐给牠们作食物。"

事就这样成了。神看着一切所造的都甚好。有晚上，有早晨，是第六日。天地万物都造齐了。到第七日，神造物的工已经完毕，就在第七日歇了他一切的工，安息了。神赐福给第七日，定为圣日；因为在这日，神歇了他一切创造的工，就安息了。

创世记 1 章

第四诫 当记念安息日

现在来看看尼西米记 13 章 15 节以下：

那些日子，我在犹大见有人在安息日醡酒，搬运禾捆驮在驴上，又把酒、葡萄、无花果，和各样的担子在安息日担入耶路撒冷，我就在他们卖食物的那日警戒他们。又有泰尔人住在耶路撒冷；他们把鱼和各样货物运进来，在安息日卖给犹大人。我就斥责犹大的贵胄说："你们怎么行这恶事犯了安息日呢？从前你们列祖岂不是这样行，以致我们神使一切灾祸临到我们和这城吗？现在你们还犯安息日，使忿怒越发临到以色列！"

在安息日的前一日，耶路撒冷城门有黑影的时候，我就吩咐人将门关锁，不过安息日不准开放。我又派我几个仆人管理城门，免得有人在安息日担什么担子进城。于是商人和贩卖各样货物的，一两次住宿在耶路撒冷城外。我就警戒他们说："你们为何在城外住宿呢？若再这样，我必下手拿办你们。"从此以后，他们在安息日不再来了。我吩咐利未人洁净自己，来守城门，使安息日为圣。"我的神啊，求你因这事记念我，照你的大慈爱怜恤我。"

同时来阅读马可福音 2 章 23 节—3 章 6 节

耶稣当安息日从麦地经过。他门徒行路的时候，掐了麦穗。法利赛人对耶稣说："看哪，他们在安息日为甚么做不可做的事呢？"

耶稣对他们说："经上记着大卫和跟从他的人缺乏饥饿之时所做的事，你们没有念过吗？他当亚比亚他作大祭司的时候，怎么进了神的殿，吃了陈设饼，又给跟从他的人吃。这饼除了祭司以外，人都不可吃。"又对他们说："安息日是为人设立的，人不是为安息日设立的。所以，人子也是安息日的主。"

耶稣又进了会堂，在那里有一个人枯干了一只手。众人窥探耶稣，在安息日医治不医治，意思是要控告耶稣。耶稣对那枯干一只手的人说："起来，站在当中。"又问众人说："在安息日行善行恶，救命害命，哪样是可以的呢？"他们都不作声。耶稣怒目周围看他们，忧愁他们的心刚硬，就对那人说："伸出手来！"他把手一伸，手就复了原。法利赛人出去，同希律一党的人商议怎样可以除灭耶稣。

数十年前，我有幸造访爱奥纳岛（Iona），一个苏格兰西海岸的小岛。我们登上一艘名为"乔治国王五世（King George V）"的小蒸汽船。这艘船会将观光客与访客送到岛上的修道院。那天是星期一，有位游客对船长讲到这艘老船："嗯，这船绝不是昨天造好的。"

船长回答："当然不是。我们在这部分还遵守安息日。"

还有一次在以色列，我在游览车上看见郊外集体农场。那是以色列的一个农业社区，我注意到有一点很奇怪。在距离社区颇远处，有一排柱子，每根约十二呎高，柱子完整环绕着农场，每根柱子上都有一条铜线，那条线不是电线，显然也不是围篱。我问导游："那条线是作什么的？"

他说："这是正统犹太教的集体农场，铜线标示了安息日允许的路途长度。人们最远可以走到铜线的位置，在铜线内人们可以到处行走，这就是安息日允许的路程。人们不可以走出铜线外。"

我在一间老旧的卫理公会外面，看见用粉笔写下的特殊布告，写着："星期日开放"。拆除公司把那块板子与其它老旧木头砖块放在一起拍卖，你可以从那儿买到已拆除旧建筑的建材。我真希望自己当时有台相机，能拍下一栋拆毁的教堂，配着一块告示板："星期日开放"，这正满足了我的幽默感。

星期日在英国好歹曾是个重要日子。我认为没有多少人会投赞成票废除这一天。多数在周末不用工作的人都很高兴有个休息的机会。几年来我看到星期日的仪式惯例发生重大改变，因为不守安息日已经削弱了星期日与其它日子的分别。与这些分歧相关的，是一群笃信圣经的基督徒，也是对圣经深入研究的人，聚集在伦敦，要力行基督徒对星期日的态度，并对此主题发表一本书来引导现代基督徒。但事实上那群笃信圣经就是神话语的人，对于如何引导今日信徒达成共识，最终也意见分歧。

这就是为何我发现自己在讨论这个主题时要非常小心。我觉得我们多数人对星期日抱持的态度，不是直接遗传自家庭背景，就是在回应我们的家庭背景，我们在这件事上，远受人类的习俗影响。举例来说，我成长时相信星期日在花园散步是件好事——花园是个好地方。但对有些在信徒家庭长大的人来说，在花园散步甚至连摘下一朵蒲公英，都踰越了这条明确的界线。

还有人在这事上承继的传统比我的更严格，产生了激烈的反应。不断有人对我这么说——他们也许是在把这当藉口——但他们说："从小我家教导我关于安息日的观念就让我非常反感。你现在别想让我靠近教会。那好像只是在赶场一样。前往教会，回家，出门，又回来，又出门，赶着吃饭然后回到主日学再回到教会。当爸妈下午在家睡觉时，我们却要去参加主日学，这都让我心生怨恨。"因此许多人对此都有激烈反应，使得今日基督徒很难以敞开的心看待这个主题，研读圣经看看圣经怎么说，然后在日常生活中身体力行。

现在我要直言不讳了。我要诚实说你只要将我在这里说的当作是我的看法而已，除非当我引用圣经，你才能将这当作绝对的真理自己行出来。但我不会像讨论其它深远影响虔诚基督徒的主题一样执守教条。

首先，我要带你有如旋风般地，"从创世记到启示录"读遍圣经，宏观圣经对每周这一天的看法。接着，我要给你一趟启蒙之旅走过两千年历史，看看星期日自几世纪来发生的变化。我会概述每个时代然后来到今日，告诉你我相信我们应该如何看待这条诫命。我们不会讨

第四诫 当记念安息日

论公众立法。十诫是针对个人，不是社会。每一诫开头所说的"你"都是单数——关乎的是个人行为。这就是为何十诫里"不可杀人"指的是谋杀。这一诫命指的不是死刑；不是战争，而是另一个主题。十诫是对个人说话：你不可擅作决定取人性命——这是谋杀。

"当记念安息日，守为圣日。"让我们先来看看旧约。这里的态度很明确，对犹太人而言，安息日是他们有别于其它民族的三项特点之一。还有不吃带血肉类，以及男人须受割礼。安息日是犹太民族的特征，将他们从其它民族区分出来，这项特征是由神赐给他们，用神手指写在石版上，不可抹灭。光这点对犹太人来说就已足够。规则就是每七天中就有一天，每星期的最后一天，必须脱离生产图利的工作，献给神，目的是休息并记念祂。

这条诫命的理由，就是当神创造人类，祂将人造得与祂相似。我们必须与神连结，并且人活着不是单靠食物，若他一周工作七天，那他的行为就与动物一样，因为动物一周七天都在"工作"。安息日的诫命使人与其它受造物有别，因为就我所知自然界没有一处有安息日的休息。我自己是吃了苦头才发现这条诫命的意义，当时我在农场工作，每天包括星期日，清晨四点就得起床帮九十头牛挤奶。我希望农场有时能有安息日。玉米会自己生长，但乳牛可不会自己挤奶，因此我们得大清早起床帮牠们挤。在所有受造物中，人类是唯一有这条诫命的，神给了祂子民这条诫命。

因此我们所拥有的是独一无二的诫命，人类有别于动物，而他若要行出这分别，他就必须脱离工作，有时必须要去亲近神，否则他就沦为与动物同等。这就是这条诫命的理由，神如此严肃看待这条诫命，看重到祂说任何人违反这条诫命的，就要治死他。

因此这不是让人爱选不选的选项。神颁布了许多从属诫命来表达祂对安息日的重视。祂告诉人不可在安息日捡柴，不可在安息日生火，不可在安息日烤肉，还有许多其它规定。但关于这条诫命，神还有许多规定没告诉犹太人，因此古犹太记事官开始发展出愈来愈多关于在安息日什么可以做什么不可做的规定。到了一个程度，神的律法已经变成人类自己的传统，危险就在此产生。当人类传统进入了宗教，你就可能会忽略现实与神本要祝福人的美意，使这条诫命变成了负担。

我来列出一些犹太记事官说你不可以在安息日做的事。你在安息日不可帮人医治跌打损伤。安息日不可催吐。安息日不可结绳。不可在安息日照镜子，以免你在镜中看见白发要去拔它，这等同收割。不可在安息日杀跳蚤，跳蚤肯定会让犹太会堂会议充满生趣。安息日不可吃母鸡下的蛋，因为母鸡没有遵守安息日。

犹太人可不觉得这好笑，制定这些规则的记事官也不觉得好笑。他们真心认为——虔诚地、彻底地——认为他们正在执行神的心意。虽然我们觉得他们很可笑，但我们同样也在做傻事。我们出于完全敬虔的心，坚持一些神

第四诫 当记念安息日

从没指示过的宗教习俗。所以让我们想想这会造成什么结果。祝福成了重担，愉快的日子成了尽义务的日子，应该提振人类心情的日子反而使他们感到沮丧。安息日变成了你希望赶快过完进入下一星期的日子；它是个重担。神制定安息日是为了人的益处，而到了耶稣降世时，安息日已成了伤害人的东西。现在情况演变成了这样。神所赐下的美善，却毁于人类的操弄。

安息日诫命有一部分是今日人们不会争论的："六日要劳碌做你一切的工。"若你要恪守律法，那么你也必须遵守这部分。若你要将主日看待为**宗教仪式**，那你同时也该鼓吹一星期工作六天。这马上显明我们早就没有完全遵守律法——无论我们想不想承认，我们没有一人滴水不漏地遵守这规则。

有些宣称自己是基督徒的人（例如基督复临安息会 the Seventh Day Adventist），坚持一丝不苟地遵守这条诫命，也就是说他们的敬拜日当然是从周五晚上的六点开始，直到周六晚上的六点结束。

耶稣是怎么做的呢？耶稣的生平在安息日这方面的记载非常模糊难解。一方面耶稣生来就是犹太人。他在出生第八日受了割礼。他活在律法之下。因此他遵守律法的每一部分。所以他的习俗是在安息日进入犹太会堂。对他而言那天是敬拜的日子。所以他接受犹太传统的安息日：从周五晚上六点到周六晚上六点，这段时间是休息与敬拜的时间。他活在律法之下。

但他以有别于其它人遵行律法的方式，展现了非凡的自由。举例来说，他绝不会遵守人类自己制定的安息日传统与规条。他根本不理会这些。也就是这点造成了他与宗教当局的最大冲突，使宗教人士密谋杀害他（由马可福音可读到这部分）。当他的门徒打破了传统时，他为他们辩护。他说："你们是离弃神的诫命，拘守人的遗传。"犹太人将太多重担加诸在安息日，使得这条诫命有如翻船一样本末倒置。

同时注意耶稣将安息日视为从事休憩活动的日子。他远比犹太人更积极正面。犹太人教导："安息日是停止活动的日子。"但耶稣的话语显示安息日正是做一件事的好日子——放下自己的工作好好休息，为的是做神的工作。当神在第七日"安息了"时，祂在做什么呢？祂在那天比前六天更卖力地工作——因为第七天（创世纪2章1节）永远没有结束——仍在继续进行。创造的工作在六天就完成了。我个人不相信所谓六"天"就是二十四小时——我不认为圣经指的是绝对的字面意思。我相信那是神的六"天"，因为第七"天"持续了好久。神现在正做什么呢？这不是说祂仍在创造万物，而是祂现在正为人的益处做工。因此耶稣证明了在安息日行医病神迹属正当合理，他说："我父做事直到如今，我也做事。"他用这句来描述自己在安息日所行的事。因此安息日不是倒进扶手椅翘起脚的日子，而是停止为自己工作，来为神或他人做些事情的日子。耶稣积极强调了这点。他

第四诫 当记念安息日

本可说:"你违犯了安息日的诫命,因为枯干手的人可以明天再来;他可以等——这又不急迫。"但耶稣讲到安息日行善,而这正是他所行的。

你有没有想过星期日可以成为一个行善的美好机会?出门探访有需要的人,为某人做些事?星期日去帮忙某位贫穷人家打理院子,岂不比待在家里读小说更好?我试着要你用耶稣的想法来看事情,脱离蒙蔽我们看见安息日真义的禁忌与顾虑。耶稣已让安息日更为积极。

不仅如此,看来奇怪的是尽管耶稣在他的教导中提到十诫所有诫命,他却从未教导安息日的仪式。耶稣在登山宝训中,教导了十诫中许多诫命。但关于安息日,他的教导是:你们已经本末倒置使人去配合安息日,但神的设计却恰巧相反——祂为人设立了安息日,而不是为安息日创造人。你们已经使安息日成为拦阻而非帮助。但我也掌管安息日,应该由我决定人该做什么,而不该由安息日决定。这是个惊人的宣告,惟有神儿子能够做出来。

我还注意到一件事,就是耶稣从死里复活是在一星期的头一天,一个例常的工作日,这使基督徒再也不在周六崇拜。耶稣为何不在安息日复活呢?在五旬节,当耶稣降下圣灵,那天是工作日。这就是深远改变信徒态度的要素。若安息日继续沿袭犹太人的传统形式,特征会是耶稣在安息日复活,在安息日的几天前死亡(因为耶稣能决定自己何时要死)。这就好像耶稣刻意要打破这个形式。

我们现在回头来看看新约其它的记载中，信徒怎么做。第一，初代教会的每个犹太基督徒都会在星期日做两件事：敬拜与工作——因为那是例常工作之日。每周的假日是安息日。人们无法在星期日不上班却保有工作。因此崇拜就在清晨或半夜举行。若你认为少年犹推古听道时睡着跌落窗外，是因为保罗在从晚上六点半就讲道到半夜，那你该重新思考。这是因为他们必须在清晨四点与晚上十点举行崇拜，因此才会有这类事情发生。

因此由于他们是犹太人，所以星期日必须工作。但他们同时也在星期日敬拜擘饼。他们将星期日视为美好的开始来庆祝。而外邦信徒，当他们相信耶稣之后，也在星期日工作，因为罗马帝国没有每星期休息一日，而是工作九天后第十天休息。外邦信徒一个月有两到三天休息，因此外邦人的星期日也不是休息日。

令人吃惊的是：保罗，这位非常谨慎于自己对外邦人教导的使徒，从没有一次教导他们每星期要守安息日。这点你注意到了吗？这可能是人们从保罗对此保持沉默，而推断保罗没有安息日的观念，算是一种消极的辩证方式，但它的积极看法则是：保罗其实在教导外邦信徒不要守安息日。保罗在罗马书14章写道："有人看这日比那日强；有人看日日都是一样。只是各人心里要意见坚定。守日的人是为主守的。因此你这个人，为甚么论断弟兄呢？又为甚么轻看弟兄呢？"

他对加拉太人说："从前你们不认识神的时候，是给那

第四诫 当记念安息日

些本来不是神的作奴仆；现在你们既然认识神，更可说是被神所认识的，怎么还要归回那懦弱无用的小学，情愿再给他作奴仆呢？你们谨守日子、月份、节期、年份，我为你们害怕，惟恐我在你们身上是枉费了工夫。"他在此处指的就是安息日。他在歌罗西书第2章写道："所以，不拘在饮食上，或节期、月朔、安息日都不可让人论断你们。这一切不过是将来之事的影儿；基督才是实体。"你了解保罗这些话中的意思吗？守安息日是个人良心自发的举动。神没有设立安息日的特定仪式、诫命。安息日是影子，而当你有了实体，影子就没那么重要了。而安息日的实体在此：**神的安息**。希伯来书是写给犹太基督徒的书信，在第4章写道：安息日不是个日子，而是当你不再试图靠自己称义时，你灵魂得到的安歇。

因此这才是神子民的安息，神渴望我们所有人，任何时候，一星期的每一天都享受这安息——歇了自己的工，让祂在我们里面做工，这就是安息日的预表。当你已经有了实体，又何须执着影子呢？当你已进入安息，为何还要捍卫"星期日的仪式"呢？当你歇了自己的工，内心享受神的平安，何苦还回到仪节规条的辖制之下呢？你会觉得这太难理解了，因为这告诉我**星期日不是安息日**。让我来说得清清楚楚吧。若你将新约视为神的话语，那么星期日就不是安息日。安息日是犹太人的影子，星期日则是我们欢庆在耶稣里得安歇的日子。这完全是两回事。

关于过去两千年历史又怎么说呢？基督教的头三百年——并没有星期日。基督徒在每星期第一天敬拜没错，但不是在星期日，不是在每周的休息日，而那三百年期间是史上教会增长最迅速的期间。有些人相信若我们失去了星期日为安息日的传统，神国度就会崩解，但你可别相信这套。神国度可没在那三百年崩溃。

接着罗马皇帝成了基督徒，他通过的第一条法律就是星期日是休息日。这对基督徒来说是个上好祝福。因为现在他们能有段神圣的时间聚会。但接着皇帝又通过一项规定：**你必须上教会**。严守安息日的规定，就在公元三百零五年潜入了西班牙。不久后罗马帝国出现了关于竞技场、体育，与一堆我们以为是"基督徒活动"的法律。但这些只是一个刚好有机会立法的基督徒皇帝所颁布的规定。

星期日成为人的重担，是从中世纪与黑暗时代开始。那时星期日成了枯燥不悦的日子。可能会使你吃惊的是，催生我们口中"休闲星期日（Continental Sunday）"的其实是宗教改革。宗教改革领袖（例如路德（Martin Luther）与喀尔文（John Calvin））引进了关于星期日为自由日的新思维。在瑞士日内瓦，被视为最伟大宗教改革者，所有长老教会与改革教会源流的喀尔文，曾惯于在早晨对会众讲道，下午就与他们外出玩木球。

不要将"休闲星期日"归咎于罗马天主教，这是新教徒造成的，是他们透过这方式给了欧陆信徒自由。这有点令人吃惊，但若你去瑞士，早上造访弟兄会（Brethren Assembly），他们下午就会带你去滑雪。

英国则随着一群非常虔诚可爱的基督徒——清教徒，带来了一种新的态度，他们渴望赋予星期日更多意义，因此他们称星期日为"安息日"。受到他们的影响，除了诺亚方舟外，其它玩具一律禁止。所有世俗的书籍都被束之高阁，而《天路历程》（*Pilgrim's Progress*），《福克斯殉道者名录》（*Fox's Book of Martyrs*）与圣经才是星期日读物。透过严格清教徒的影响，这种星期日传到了美洲大陆，最终成了英国法律。我们多数关于星期日的法律，都可追溯到那时期。从那时起就带来了一些可悲的影响：如维多利亚时代的星期日（the Victorian Sunday），那天你笑不出来，孩子也不可发出噪音，你得身着丧服，因为星期日是严肃的日子。

从欢庆复活与喜乐的日子变成大家纪念悲伤的日子，看来是个悲剧，尽管有人确实享受那个严肃日子所带来的家庭活动。不可避免地，我们在二十世纪看见了对抗这股习俗的反动。我们看见教会出席率骤降，我们在有生之年，就目睹了想让"星期日"变成"乐趣日"进而变成"罪恶日"的渴望。若你阅读数百万人阅读的典型星期日报纸，你就会明白我的意思。为何星期日报纸的道德观念会比周间其它日子更低落？我们要为这其中的反应负上部分责任。人们说："我们想在星期日做自己想做的事。"因此他们待在家里，看电视，做园艺，洗车——只要不是亲近神，做什么都好。

因此我们在星期日要做什么呢？你可以采取我们在保罗写给加拉太人书信中的三种态度：**律法主义**、**放任主义**或**自由主义**。我恳请各位考虑自由主义。律法主义就是回到规则律令并说："今天是星期日，所以不可做这些。"——然后使我们的孩子觉得星期日是个什么活动也不可做的悲惨日子。若他们在这种心态下成长，就会抗拒星期日——而且这也情有可原。

第二种方式恰恰相反：放任主义。星期日我可以为所欲为。"只要我想做，我就会去做，若我想做这事，我就会去做。"这是现今许多人对星期日抱持的态度，但这并不是自由。坦白说这会使星期日变得无聊。商业娱乐需求与日俱增的原因之一，正是因为人们感到无聊乏味。你知不知道星期日躺在床上的习惯，始于维多利亚时代，因为那是除了上教会之外唯一上得了台面的选项？让我们也不要流于放任主义——星期日不是我为所欲为之日。

然而**自由主义**则是自由地让耶稣成为每一天，包括星期日的主。这就是在星期日从事耶稣要我从事的活动，让他决定我要做什么。这就是他对犹太安息日的宣告，但他对你生命的每一天都做了这个宣告：星期日、星期一、星期二、直到下一个星期日。但在星期日我想要自由地守星期日。因此我必须给他人不守星期日的自由。

第四诫 当记念安息日

我想要在星期日自由地敬拜神,因此我必须给他人不这么做的自由。我想要去找神的子民与他们一同敬拜。我想要自由地有一天不同于其它的日子,特别留给神,但我不会传讲并强迫人接受这是神的宗教仪式,因为主耶稣从未告诉我们要这么做。为了符合保罗的教导,你可以在主与你之间自我调适,去行主要你行的事而不是你自己想做的事。我相信对星期日的此种态度会让星期日成为每星期最棒的一天,最精采的一天,与最愉快的一天。就像沙漠里的绿洲,你会期待它,它会提振你的一星期,下一整个星期你也会不断回想它。这是充满启示的一天;这是提振心灵的一天。我想要脱离自己的工作好让我能为神工作。我想要摆脱工作赚钱来谱出自己的旋律。我想要自由地敬拜神——这才是真自由。

感谢神,今日上教会的基督徒正是如此,这是因为他们有这份自由,而不是因为受迫于英国的法律。基督徒有自由将整天献给神,不只是早上晚上的两小时。他们有自由将整天献给神。若他们合宜而自由地将星期日献给神,不是因为将这视为义务,不是因为神要他们这样做,而是因为他们发自内心渴望这样做,是因为他们爱主,那么他们的其它日子也将有所不同。他们将会在每一天都享受安息。这就是几世纪之前基督徒所享受的安息日,他们因此写下了这首可爱的诗歌歌词:"我赞美祢,整整七天,不只一天"(Seven whole days, not one in seven, i will praise thee)。

"星期日仪式"的危险就是当你进行完仪式，你就可以回到老样子。这危险甚至存在于星期日当天，因为若你认为参加教会主日崇拜就是已经"尽了义务"，剩下其它时间就属于你自己，那么你就还没有进入安息日的安息。你还未享受到舍己的自由与远离罪恶的自由，而这正是神安息日安息的真谛。

我将星期日，视为你能够在每周进入安息日安息的日子。若你爱着某人，你不会说："我该花多少时间与我未婚夫／妻相处？一个小时够不够？"你可以想象任何人这样讲到自己深爱的人吗？若有人问说："我至少该上几次教会？"这马上表露出他并不爱神。我爱星期日，尽管对我而言，星期日并不是所谓的安息日。

这就是基督徒的自由——我们为此赞美神！

第五诫
当孝敬父母

　　我们要从我最喜欢的圣经事件之一，来开始研究这个主题。想想看除了这一事件，我们对神儿子的三十年人生竟一无所知！你难道不想知道耶稣在拿撒勒的行为与他的青春期发生什么事吗？我们已经看见耶稣出生八天时的情形，接着让我们再来看看他十二岁的情况……

　　约瑟和马利亚照主的律法办完了一切的事（这告诉你一些关于约瑟与马利亚的事了，对吗？），就回加利利，到自己的城拿撒勒去了。孩子渐渐长大，强健起来，充满智慧，又有神的恩在他身上。

　　每年到逾越节，他父母就上耶路撒冷去。当他十二岁的时候，他们按着节期的规矩上去。守满了节期，他们回去，孩童耶稣仍旧在耶路撒冷。

　　他的父母并不知道，以为他在同行的人中间，走了一天的路程，就在亲族和熟识的人中找他，既找不着，就回耶路撒冷去找他。

　　过了三天，就遇见他在殿里，坐在教师中间，一面听，一面问。凡听见他的，都希奇他的聪明和他的应对。他父母看见就很希奇。他母亲对他说："我儿！为什么向我们这样行呢？看哪，你父亲和我伤心来找你！"（这话真熟悉对吗？）

耶稣说："为甚么找我呢？岂不知我在我父的家里吗？"（你有没有注意到一件小事？'你父亲和我伤心来找你'还有——'我在我父的家里'马利亚何等震惊发现耶稣知道自己的父亲是谁。她从未告诉他真相，也一直以为耶稣认为约瑟是他的父亲。现在她知道耶稣知道了。）他所说的这话，他们不明白（他们不是第一对不了解自己儿子的父母，即使儿子只有十二岁，现在令人难以置信的事发生了。）他就同他们下去，回到拿撒勒，并且顺从他们。他母亲把这一切的事都存在心里。耶稣的智能和身量，并神和人喜爱他的心，都一齐增长。

路加福音2章39节以下（括号中为作者的话）

"当孝敬父母，使你的日子在耶和华—你 神所赐你的地上得以长久。"

我毋须告诉你现今家庭生活已剧烈改变。家庭的规模改变了。现在每个家庭的平均子女数目是二到三个。我的岳母是十三个孩子的母亲。家庭不仅在规模上发生变化，在范围上也产生改变。今日多数家庭只有两代同堂，然而不久以前许多家庭还是三代同堂。我这世代经常是人们受到祖父母的影响与受到父母的影响一样多。因此家庭生活的整个模式都已改变。的确，有些人甚至预测家庭会停止存在。

第五诫 当孝敬父母

许多人想分析家庭生活多方面崩解的原因。在所有原因背后，撒但一定正在摩拳擦掌，因为牠的首要目标就是瓦解我们成为家庭的单位。这是为什么呢？因为当你击垮了家庭，你就等于击垮了所有其它社会群体。家庭是社会基本单位——就像组成墙壁的砖块一样。诚然，许多教会的骨干，以及教会的核心小组团契，都是由基督徒家庭组成。我们为着非基督徒家中的基督徒感谢神，但基督徒家庭是构成坚固教会，强大国度与强健社群的单位。

若家庭破裂，社会其它群体也会深受其害。若你阅读《罗马帝国衰亡史（*The Decline and Fall of the Roman Empire*）》，你会发现一幅令人震惊的图像浮现出来：不计代价避孕节育，弃养孩童，不断离婚，更换伴侣。当罗马人家庭开始破裂，整个帝国的架构体质也受到拉伤。

我们用新约的角度来解释这条诫命。我们已经看过一条诫命透过耶稣，能以全然不同于犹太人的方式实现，并对基督徒产生了影响。这指的是上一诫，也就是第四诫关于安息日的诫命。但当我们探讨十诫第五诫时，我们发现相对于耶稣在新约中一次也没提到安息日，他在教导中却一以贯之孝敬父母这条诫命，而且在新约逐字引述。因此这条孝敬父母的诫命从犹太人生活到基督徒生活始终如一，而且因此成为基督徒在社群中实现关系的重要部分。

这条诫命是什么意思呢？我们要如何孝敬父母？我要先对那些有父母的人说话，然后对那些有儿女的人——因为我相信这条诫命有两方面涵义，一方面已经明文写出，另一方面则存有言外之意。无疑地，第一种在人生第一阶段孝敬父母的方式就是服从——这可不是个受欢迎的词。我刻意选用这词。我想过用"顺服"，接着我想到"服从"，这会让你身体一僵，因为这词在今日含有一种我们不喜爱的刺耳。我们不喜爱权柄。我们不喜欢有人在我们地位之上。我们想要表达自我。我们想要独立行事。我们想要规划自己的生活。但当孩子在家倚靠父母时，这条诫命就呼召孩子服从父母。若你喜欢你也可以称之为顺服。为所欲为的孩子内在有一种极度违反自然的要素。这违反自然而且会迅速破坏家庭。因此我们首先应该了解："孩子，你要在主里顺服父母。"

　　基本上这态度在一生中大致都相同，但在实行上，随着年纪的改变，同样的态度会在每个阶段中的不同关系里表达出来。日后当孩子对父母的依赖转为独立，孝敬的行为就会改变——从服从变成谦恭，然后是尊敬。

　　今日最大的危险之一，就是许多年轻人拥有的生活条件远比他们父母当年好得多。他们也许更有知识，可能更聪明，但这不表示他们更有智慧。正是因为分不清聪明与智慧，使得年轻人犯下最严重的势利眼之罪，那就是瞧不起父母。但年岁会带来智慧。

　　这种随着人生第二阶段而来的谦恭与敬重，仅是你

第五诫 当孝敬父母

记得父母走过的路比你多,还有你所视为的心胸狭窄,事实上只是你父母要你得着最好的诚实渴望。有时这其实甚至是父母从前犯错留下的后遗症。我们父母所做的事情之一,也许我还更青出于蓝的,就是我们为人父母的会尝试推孩子比我们更上一层楼,因此我们会强迫他们避免我们犯过的错误。就像一个青少女对她母亲说的:"你在我这年纪到底是做过什么事,让你这样担心我?"——这肯定是最可怕的问题,我们却没有答案。但你必须记得你的父母都犯过罪,而这就是为何他们渴望帮助你不要重蹈覆辙。正是因为他们曾经历过某些不该经历的事,他们对此感到后悔,他们往后的人生因此受到玷污,因此他们才会急切渴望你能因着他们的前车之鉴走轻省的路,而不是历经磨难。

所以这是孩子独立后对父母的谦恭与敬重——仍然愿意倾听并思考他们的建议,单纯相信他们的人生经验可能使他们比你稍有智慧。或相信他们的焦虑是希望帮助你避免经历他们经历过的悔恨。每个父母若诚实以告,他们会告诉你:"我希望自己能回到你现在这年纪,明白我如今所知道的,我愿意不计代价回重回当年。"但事实上,我们永远回不去了。

第三阶段是生命更后面的阶段,当角色对调,孝敬成了扶养那些曾扶养你的人。这里有些困难与深奥的问题要解决,你也许一直在这个问题中拉扯:"我该不该将爸妈送去养老院?"这是你必须面对的问题,无论主带领你的决定是什么，但至少你已从孝敬父母的角度来面对，但我没有权利告诉你该怎么做。

因此我们已经全盘检视过，从早期的服从阶段，到中期的谦恭敬重，到后期的扶养父母。就我所知，敬重父母的方式会随着环境改变而改变，但你对父母的基本敬重始终是必备的。

耶稣是我知道这三阶段的完美典范。第一阶段是他的童年时期——当他还受到马利亚与约瑟的监护时。他们不知道耶稣已知道自己是神的儿子，但即使耶稣是神的儿子，他仍然听从村里木匠与木匠妻子的话。我不知道约瑟与马利亚是否有时也会在教养耶稣时犯错。但我知道他完全服从他们。然而，时候到了他独立了，而这位犹太男孩已年届十二岁。我之所以提及此，是因为我们在社会中的既定观念是二十一岁才成年。后来大家认为十八岁就属成年，但可能年龄还要再下修。圣经中没有一处提到二十一岁或十八岁。圣经只提到十二岁，男孩们在那年纪就要完全承担成人的责任。他实质上成了父亲的工作合伙人。他在十二岁就差不多已经承继父业。

我记得在耶路撒冷的一个会堂参加晨间崇拜时，看见一个十二岁的小男孩，他父母坐在后方，满是骄傲。小伙子戴着瓜皮帽，对着经卷读出律法——现在他成为律法之子了。他现在对遵守律法有荣誉感了。他不再是无知少年，他是个男人了。男孩在当众朗读律法时，心中的荣誉表露无遗！成年礼是犹太人的重要时刻。

第五诫 当孝敬父母

耶稣被约瑟与马利亚带到耶稣撒冷参加成年礼，他设想父母应该了解他已经成年独立，因为他根本没告诉父母他要去哪里。这完全合理——他没做错，因为他现在已经是个成年人。

他的父母应该将他视为成年人对待并说："你要去哪儿呢？"而不是"我们会告诉你你要去哪儿。"因此他就自行前往——这并不是无情。他现在是成年人，而他的父母大惊失色。就像其它还未学到让自家男孩长大成人的父母一样。他们还没学会对孩子放手，搅动燕巢让小鹰自行飞翔。因此约瑟与马利亚才会说："你父亲和我找你找得快疯了！你去哪儿了呢？你让我们担心极了！"这段对话在全世界家家户户从晚上十一点到半夜两点都会发生。耶稣只是安静地提醒父母自己如今已经独立了。

下一节经文是非常引人注目的一节："他就同他们下去，回到拿撒勒，并且顺从他们。"即使耶稣已经宣告自己的独立，他仍然敬重父母。这节经文所描述的真是卓越的表现。结果就是——耶稣的智慧增长，神与人都喜爱他。他与天父及他人都有良好的关系。那些想要反叛或想说："只要我一成年就要为所欲为"的人，通常与神或与人之间，都没有好的关系。

我们来到耶稣死在十字架上的第三阶段。他才三十三岁，但当他从十字架上向下俯瞰时，他看到了一位即将失去儿子的母亲。如今约瑟已逝；马利亚成了寡妇。神儿子临死所做的最后一件事，也是他在承受濒死挣扎本该只想到自己的痛苦时所做的，就是供养他的母亲并将她托付给约翰。若要论世上最孝敬父母的人，那就是耶稣。就如他在其它方面一样，他是我们完全的榜样。我们蒙召跟随他并让他透过我们活出他的生命。

我相信这条诫命不仅是写给为人子女，也是写给为人父母。若诫命说："要孝敬父母……"这也间接问了父母：你值得子女孝敬吗？你是否使子女很难孝敬你？你是否让他们轻易唾弃与轻视你？因为铜板的另一面，就是要父母也要配得敬重。这在人生三阶段有什么意义？第一，这表示父母要做下智慧与负责任的决定，好让儿女能服从你设下的规则。这是底线，但要了解"我们在家当如此行"应基于可敬的决定，而不是愚蠢或随意的决定，也不是孩子所无法理解的决定。若要孩子以服从来表达孝敬，那么我就必须有智慧地藉由以身作则服从来表达我的要求。因此父母在这阶段中的"可敬"将包含负责任的行为。

第二阶段对基督徒父母也许比对其它人更加困难——那就是学习何时该对孩子放手让他们独立。借着放手而非试图继续当他们是小孩子，你会保有孩子的敬重与谦恭。时候到了，你就该了解现在你该将他们视为成年人对待。

让我说个小故事。我记得在我刚迈入青春期的有个星期天下午我回到家——我刚上完主日学下午班。我直率地、强力地、防卫地、激进地对我父母宣告："我不会再去主日学了。"然后我测量着自己离门口的距离，等着。

我记得母亲转头说："好吧。"然后她继续读她正在读的书，这真是完美的心理战。如此马上刺破了我悖逆的气球。

我心想："呃，那甚至称不上是场战役。"

接着她说："星期天晚上有个很好的小组，是青少年的——可能你会喜欢。你去参加那个吧。"

我去参加了。我感谢神我们没有争执，而是母亲轻声地说："好吧。"就将我导入正轨。

就是这种愿意认同孩子说："我想要自己做决定。我想当个成年人。"有时他们说这话是早了点，环境中也有压力迫使他们过早这么做。但智慧的父母知道何时该说："没错，现在你可以做决定了。"并保有他们的敬重与谦恭。这远比这么说更好："听好，我会一直管好你，只要你住在这家里一天，我就会这样管教你。"然后当他们有一天真的离开这里，他们就离开了这个家。他们不会回来寻求建议；不会回来找你商量事情。我最擅长给建议了！就像是有个人有六套教养孩童的理论，只等着对人说教，直到他有了六个孩子，这也是他停止说教之时。

圣经里最让我惊叹的智慧父母榜样在此：有个儿子对父亲说："父亲，请你把我应得的家业分给我。"他父亲就把产业分给他们（你注意到了吗？这父亲多么难得！他没说：'你给我听好，我知道你会怎样把钱败光，除非我进了坟墓,否则你别想拿到一毛钱。'这通常是多数父亲的典型反应,但这位父亲却把家产分给儿子,痛心地看着儿子带着钱离家,知道儿子很快就会身无分文——他了解自己的儿子。不过他宁愿挽回他的儿子——尽管身无分文——但儿子会知道家是给予帮助与爱的地方,而非把儿子绑在家里。)

第三阶段也许会在你需要儿女扶养并依赖他们之时。这真的很困难。你必须咽下一些自尊。我记得在我小时候,父亲曾对我说:"有一天我会坐在车里,让你开车载我。"

我回答:"喔,不会吧,爸爸,那时你已经死了。"(毕竟他那时已经四十岁,在我看来一脚已在坟墓里而另一脚也快随之跟上!)要能从这位你把他带入这世上的人那儿接受帮助也许不容易,但这却可能是你让子女孝敬的正确方式。因此这议题有两面:孝敬父母与接受孝敬。若这两面无法一致,就会产生棘手的难题。让我道出一种困境:当儿女是基督徒而父母不是时要怎么办?我注意到这条诫命没有附带"若......则......"。这条诫命没说:"若你的父母称职,就要孝敬父母。"或"若父母配得敬重,就要孝敬父母。"这条诫命说:无论父母如何,都要孝敬他们。诫命不带任何条件或资格,这是为什么呢?有任何好的理由吗?

我可以藉由询问这条诫命属于对人还是对神的哪一半,来解答这个问题吗?犹太孩子分两方面来学习十

第五诫 当孝敬父母

诫：不可有别神，不可为自己铸造偶像，尊荣神的名，守安息日；孝敬父母，不可杀人，不可犯奸淫，不可偷盗，不可作假见证陷害人；不可贪恋人一切所有的。你有注意到孝敬父母放在哪个部分吗？人们说："这不太对头；因为你知道孝敬父母实在是属于你与人之间的关系，不是你与神之间的关系。这一定是弄错了。这应该属于后半部，但也许神想到六条人与人之间的诫命，四条人与祂之间的诫命。"

事实上孝敬父母这一诫属于第一部分其实有很好的理由。孝敬父母是你与神之间关系的至要成分。你首先必须在与父母的关系中学习独立、爱心、信任与顺服的态度。孝敬父母的人会更容易敬畏神。他们会更容易理解自己与神之间的关系。

我说要始终孝敬父母，无论他们是好是坏，因为当你孝敬父母，你就是在帮自己的忙。你在学习一种带给你最多神祝福的态度。我们孝敬父母，是为了敬畏神。当然，这不表示你为了孝敬父母而枉顾良心不去做明知正确的事。

就父母的角色而言，他们能共同为孩子建立公义兼有恩慈的形象。这会教导孩子关于神的性格。

在我造访的一个青年社团里，负责人在我对年轻人演讲前告诉我："无论你说什么，千万不要提到'父亲'与'爱'这两个词，这里不能提到这些。"

当然我感觉自己饱受限制。我设法避免"父亲"，但我提到了"爱",而前排的一位女孩对我做了个奇怪的手势。我意识到了自己的错误。

想想看你竟然无法使用"天父"这个词,因此他们无法从以前的经验中领受神。这是他们多数人的状况,因为他们的父亲并不可敬。也许这些青少年甚至不知自己的父亲是谁。

孝敬父母可以带领我们敬畏神。在神的计划中,生命的自然历程,就是在家庭关系学习,而后同样将这爱心、信任、与敬畏,透过耶稣基督应用在与神的关系中。

弃绝神则会导致羞辱父母。为何家庭生活会破碎?为何许多年轻人陷入这么多问题之中?为何他们常产生悖逆?这是因为我们已经长达好几世代忽略神。我们远离神已经好几代。你回溯家族生活会发现,几代以前,有位敬虔的男人或女人深远影响了族系,但如今子孙却远离了神。这也难怪那些继承"二手"基督徒价值观的父母们,会觉得自己不可能将这些价值观传给孩子。他们试图将无根无基的果子传给孩子,却是不能。因为你已经用尽了属灵的"资本"。

不过令人兴奋的是,新世代的某些人又找回了神。有些人的后代青年又带他们回到教会。有个小女孩爬到她父亲的膝上说:"爸爸,你什么时候要去教会呢?"感谢神还有人会负责传递信仰,向孩子展现能够增长的关系,在关系中爱神不是义务而是喜悦,在关系中星期天是美好的日子,敬拜既精彩又满有爱。

第五诫 当孝敬父母

这很令人兴奋，但反之亦然。在罗马书第1章，你会发现当人放弃神，他也放弃了人。当他放弃神，他接着就会不服从父母，经文中还道出许多恶事，就像警局桌上的报案纪录一样。你毋须苦苦研究为何英国的家庭生活会破碎。从前英国人在教会举行婚礼，接着人们说："为何要在教会举行婚礼呢？"然后又说："何必结婚呢？"以前人们说："干嘛固守宗教呢？"现在他们说："干嘛行善呢？"这都不是巧合。若你失去神，你就失去良善。若你失去神，你就失去这些标准，就无法将它们传给后代。即使你自己二手继承了祖父母的既有价值观，过着相当正直的生活，你还是会纳闷为何你的孩子做不到？答案就是：你无法将任何观念传给儿女，因为你的标准是二手的，而你没有神。

所以为人父母们，别以为你可以将良善传给儿女，除非你认识神。"孝敬父母"是写在神子民的经文之中——相信神的父母，蒙神拯救脱离为奴之地的父母。在经文中，神对他们的儿女说："要孝敬父母。"

孝敬父母的回报是什么？在旧约里，神说会使你的日子在耶和华——你神所赐你的地上得以长久。这应许没有直接写在新约中。新约没有保证因为你孝敬父母，就会使你在自己的土地上得享长寿。但保罗在以弗所书指出这条诫命是第一条带应许的诫命，因而指出神会将特别的祝福赐给遵守这条诫命的人。持守这条诫命的每个家庭，无疑都会受到神的祝福。

第六章
不可杀人

在以下两段经文，你来当一下陪审团并思考一下：这是谋杀吗？

第一段是士师记。这段记载了以色列百姓与西西拉军队的战争，西西拉是迦南王耶宾的将军。他们连手攻击以色列人。以色列人的领袖巴拉，只有一万人供他差遣，他们正在他泊山顶眺望山下以斯得伦的村子，那里有许多沼泽湿地。他们只能徒步作战，敌军却有九百辆铁车，那在当时是最先进的武器。

我记得自己有一次与一位时髦的以色列青年站在他泊山上，他对我描述了这场战役讲得彷佛身历其境，当他在描述时，我几乎觉得他亲身参与了这场战役。他说："现在我们的军队在此，敌军在那儿。我们往这方向冲锋，而他们往那儿一路溃逃到迦密。"在事发如此多年后，他却能描述得如此生动；他为了这场战役激动不已。以下是圣经的记载：

于是巴拉下了他泊山，跟随他有一万人。耶和华使西西拉和他一切车辆全军溃乱，在巴拉面前被刀杀败；西西拉下车步行逃跑。巴拉追赶车辆、军队，直到外邦人的夏罗设。西西拉的全军都倒在刀下，没有留下一人。只有西西拉步行逃跑，到了基尼人希百之妻雅亿的帐棚，因为夏琐王耶宾与基尼人希百家和好。雅亿出来迎接西西拉，对他说："请我主进来，不要惧怕"。

西西拉就进了她的帐棚。雅亿用被将他遮盖。西西拉对雅亿说："我渴了，求你给我一点水喝。"雅亿就打开皮袋，给他奶喝，仍旧把他遮盖。西西拉又对雅亿说："请你站在帐棚门口，若有人来问你说：'有人在这里没有？'你就说：'没有。'"西西拉疲乏沉睡。希百的妻雅亿取了帐棚的橛子，手里拿着锤子，轻悄悄地到他旁边，将橛子从他鬓边钉进去，钉入地里。西西拉就死了。

巴拉追赶西西拉的时候，雅亿出来迎接他说："来吧，我将你所寻找的人给你看。"他就进入帐棚，看见西西拉已经死了，倒在地上，橛子还在他鬓中。这样，神使迦南王耶宾被以色列人制伏了。从此以色列人的手越发有力，胜了迦南王耶宾，直到将他灭绝了。

士师记 4 章 14 节以下

这算是谋杀吗？现在再让我们来读使徒行传，并再问一次相同的问题：这是谋杀吗？

那许多信的人都是一心一意的，没有一人说他的东西有一样是自己的，都是大家公用。使徒大有能力，见证主耶稣复活；众人也都蒙大恩。内中也没有一个缺乏的；因为人人将田产房屋都卖了，把所卖的价银拿来，

第六诫 不可杀人

放在使徒脚前,照各人所需用的,分给各人。有一个利未人,生在塞浦路斯,名叫约瑟,使徒称他为巴拿巴。他有田地,也卖了,把价银拿来,放在使徒脚前。有一个人,名叫亚拿尼亚,同他的妻子撒非喇卖了田产,把价银私自留下几分,他的妻子也知道,其余的几分拿来放在使徒脚前。彼得说:"亚拿尼亚!为甚么撒但充满了你的心,叫你欺哄圣灵,把田地的价银私自留下几分呢?田地还没有卖,不是你自己的吗?既卖了,价银不是你作主吗?你怎么心里起这意念呢?你不是欺哄人,是欺哄神了。"亚拿尼亚听见这话,就仆倒,断了气;听见的人都甚惧怕。有些少年人起来,把他包裹,抬出去埋葬了。

约过了三小时,他的妻子进来,还不知道这事。彼得对她说:"你告诉我,你们卖田地的价银就是这些吗?"

她说:"就是这些。"

彼得说:"你们为甚么同心试探主的灵呢?埋葬你丈夫之人的脚已到门口,他们也要把你抬出去。"

妇人立刻仆倒在彼得脚前,断了气。那些少年人进来,见她已经死了,就抬出去,埋在她丈夫旁边。全教会和听见这事的人都甚惧怕。

使徒行传 4 章 32 节以下

十诫第六诫是第二类别的第一诫,这类是关于人与人之间的关系，而第一类是关于人与神的关系。在我们与人的关系中，我们必须记得第一与最重要的就是：尊重人类生命的神圣不可侵犯性。第二类其它的诫命，都是从这条诫命衍伸。

当我们开始尝试理解并加以应用，我们遇到很大的困难。史怀哲医师（Dr. Albert Schweitzer）将这条诫命拓展到非常广泛的领域。有一天，他正在兰巴雷内（Lambarene）附近的河上划船——兰巴雷内是他在非洲宣教的地方——思考着生命，想要探索生命的意义，那时他脑海闪现一句话："尊重生命。"往后他的思维与行为皆奠基在这理念上。他将这理念发挥到极致，甚至不肯灭除兰巴雷内医院周围的害虫与昆虫，这使得他的同工非常尴尬难以行事。他相信："不可杀人"应该适用于所有生命，而我们惟有尊重生命，才能实现神对我们的命定——奇怪的是这观念与佛教的观念极为相似。

而我有一次造访赛萨克斯大学（Sussex University），看见一群学生在联署要救援一棵为了兴建图书馆而必须被砍下的树，也是出于这种观念。学生们正在力行这项原则：树是生物——我们必须尊重生命；不可摧毁生命。但我不相信这条诫命涉及动植物的生命。若我们剪下一些花，我们就是杀了它们——因为几天后他们就死了。我们当然是在加速它们的死亡。你甚至可以称之为园艺界的安乐死！基于诸多理由，我也不相信这条诫命涉及动物。我们从旧约很明显就看出神并不鼓励吃素。

第六诫 不可杀人

新约也显见我们的主为了救回一个人的神智，愿意牺牲几百头猪，因此我认为动植物的生命并不包含在这条诫命中。

但尊重生命——这适用范围到底有多广？这讨论有三方面。当有人决定要杀了另一个人时，就发生谋杀。有趣的是这条诫命是以单数而非复数人称开始。这不是对着社会或团体宣告；这诫命说的是"你"这个人不可杀害另一个人，因此很清楚地，这条诫命最主要的适用就是个人杀人的范围。

有一个虽然存在多数看法，但并非所有虔诚基督徒都有共识的领域，就是所谓的"社会性杀人"，也就是一群人负责取走个人性命。其中一个议题就是死刑，无论由谁执行，责任都由政府承担。另一个引起广泛争议的就是战争，以及这是否为解决问题的方法。

还有一种是医疗致死。首当其冲的就是堕胎与安乐死。有一种是放弃治疗，让人自然死亡，但近年来在某些国家，已出现了蓄意致死的"自愿性安乐死"，这已不属减轻痛苦，而是在"诊所"进行致死行为，蓄意而经过筹划地结束生命。几年前我就预测不消几年，安乐死就会出现在英国。这在欧洲是个引人关注的问题，你很可能会发现自己正在与医生讨论如何处置你亲爱的年迈妈妈。

我们有三种可能方式来讨论这个问题。第一种，我称之为**感性论述**，这单纯只问："我的感受如何？"悲哀的是，现今许多人都采取这种方式，导引你进入一种非常古老的结论。举例来说，有人曾问我："你可以想象耶稣按下按钮引爆炸弹吗？"我的答案是："这是个很吸引我情感的问题，然而若我的心智能诚实面对事实——我会说这正是新约所提到的耶稣。你研读启示录的前几章，整个天堂都在说：'有谁配展开那书卷，揭开那七印呢？'"圣经告诉我们，走上前对地上释出史上前所未见的瘟疫与惨剧的，正是耶稣。因此虽然我的情感会说："我无法想象耶稣这么做。"但圣经说他会这么做。因此你看见了诉诸感性的方法会产生什么问题：若你必须按下死刑电椅的按钮，你会有什么感受？我会觉得太可怕了，但这不是问题的答案。因此说："我的感觉应该引导我，或我对他人的感觉应该引导我"这种诉诸感性的方式，就我认为是错误的方式。

第二种方式我称为*社会性*的方式。我指的是在你的思考中加上当时你身处的社会风气。我们活到现在已经目睹人类生命的神圣不可侵犯性每况愈下。我们目睹生命变得廉价——在废除死刑之后，我们看见堕胎的普及化与暴力增加，这些并非巧合。那些事情的每一桩，虽然在我首次提到时听来都相互抵触，却都是肇因于人类生命神圣不可侵犯性受到弱化。我知道废除死刑是奉保护人权之名，但其实我相信废除死刑恰好造成了相反的后果，而我们则是痛苦地学到错误已经铸成。

先不管废除死刑的特定议题，人类生命的普遍价值已经贬值。其中一个原因就是大众媒体不断传达一个讯

第六诫 不可杀人

息，就是宣传人命不值钱。你看见尸陈遍野，你看见人体被炸开，而且你还边看边吃饭。这对我们的思想产生非常细微与危险的影响。你现在可以面不改色地观看暴力。我们活在一个认为以暴力攻击人命是种良好娱乐的时代，而且人们还会花钱去观看。

现在在这种整体氛围，与人类生命的神圣性益发低落的社会中，任何事情都会发生。我预测很快就会有人觉得把自己的祖母杀了跟把爱犬杀了没有两样。这就是我们的走向，人们将彼此视为动物对待只是时间早晚的问题。我预测若你的狗被扑杀，你会非常难过伤心，但你回家时就会觉得这是对狗狗邦佐最好的安排……

社会急速地偏离神的道，因此谈论死刑或反对安乐死很快就会引人说你是老古板，人们会有可怕的错觉误以为最新的观点就是最好的，认为随着社会进步，人类就愈来愈文明、现代化、心胸开阔，若你还紧抓着旧观念，你就真的过时了。

第三种方法，也就是遵照圣经的方法，它会问神会如何感受呢？我要从这个观点来讨论这个议题。我不会声称自己明白神对某些议题的心意。圣经没有提到堕胎与安乐死。因此我们必须在某些事情上揣摩神的心意，但神确实有提到战争、死刑与谋杀。因此让我们进入关于谋杀最明显的问题——谋杀就是一个人蓄意、明知而恶意取走他人性命。神对过失杀人与谋杀的定义不同。圣经对此说得很清楚。这就是为何神出于怜悯在以色列设置六座逃城，让没有预谋恶意的意外杀人者能逃到那里避难，接受公正审判。因此我们现在讲的是预谋恶意的杀人。不一定是预谋已久，因为谋杀有两种——"冷血的"与"热血的"。前者可能是预谋已久，后者是快速策划，但两者都是事先筹划，而且都是带着取人性命的意图攻击人。这两种都是谋杀，而过失杀人则另当别论。

圣经关于谋杀有两方面很有意思的说明，那就是为何谋杀不对以及要如何惩罚谋杀。谋杀为何不对？人本主义的观点认为谋杀之所以不对，是因为这是偷盗。这是最严重的抢夺。这是夺取一个人最宝贵的资产。劫人财物是一回事，但夺取生命则是最严重的窃盗行为，你永远也无法归还。

现在设想有人问你（虽然你可能不会遇到这问题）：谋杀人为什么不对？圣经从未讲到偷盗生命。圣经从未暗示谋杀不对是因为你取走了一个人的性命。圣经从未提到谋杀之所以不对是因为你夺去了一个人最贵重的资产。圣经从未说谋杀不对是因为无法回复原状。圣经说谋杀不对是因为这是亵渎神圣。什么是亵渎神圣？就是举起手对抗圣洁之事。夺人性命是很严重的，谋杀确实夺走了一个人最重要的资产，一旦夺去就无法归还，但谋杀之所以严重是因为你做了一件反抗神形像的事。不是因为你谋杀的对象是人类，而是因为你谋杀的对象是神的形像，这就是为何圣经在前几页就说流人血的就是举手反抗神，因为人拥有神的形像。动物没有神的形像，

第六诫 不可杀人

尽管花朵很美丽，不过它没有神的形像，但你所看见的每个人都是依照神形像受造。这形像也许受到损伤，也许已经扭曲，也许已经毁坏受到玷污，但这形像仍然存在也能靠着恩典恢复。当你触犯人，你就触犯神的形像。这与人道主义的论点截然不同。

圣经教导的第二个特殊之处就是如何惩治谋杀。我们回到十诫出现以前，回到亚伯拉罕，再回到亚伯拉罕以前，回到挪亚，我们发现这简单的陈述："凡流人血的，他的血也必被人所流。"就是这段，这是神的话，不是挪亚的话。神自己毁灭了整个社会，祂实际上就在说：挪亚，在洪水之后，保持人类生命神圣不可侵犯性的方法就是让谋杀者失去生命。这指的是恶意预谋杀人，这原则也贯穿整部圣经。

那些觉得处决谋杀者是"罪上加罪"与"负负不会得正"而不对的人，从未读过出埃及记，经上说："你不可杀人。"在出埃及记21章，神在对摩西说话时也说："人若任意用诡计杀了他的邻舍，就是逃到我的坛那里，也当捉去把他治死。"没什么比这写得更清楚了。

现在我相信这就是重点，关系着整个讨论。若你认为死刑是神的旨意，那你就是认为公义更甚于人命。若你这么认为，那你对于我所有关于社会性杀人的问题，就都有了答案。若人类性命是最高价值，公义第二，那么你当然不会处决谋杀犯，但若公义的价值超越人命，那你就会主张死刑。我告诉你公义更高于人命，因为神是公义的。这是创世以来神就持守的原则，祂也会继续持守直到末了。

你明不明白除非神判他死刑，否则没人该死？死亡不是正常、生理与科学性的事件。科学家无法告诉你人的生理机能为何应该死亡。然而就在此刻你也正在死去；你身体的细胞正在死去，而你的身体——靠着食物、空气与其它因素——正在以新的细胞取代死去的细胞，而你可以安然地进行这个过程。不过我的牙齿与头发都告诉我，我要开始输掉这场战役了。生物与科学都未发现为何我们应该输掉这场战役，尽管我们一直持续吸收新鲜空气并保持运动。我们为何不能一直以新的细胞取代死亡细胞呢？我们有个内键的生理时钟在倒数计时，而根据圣经，时钟并非自然存在——而是神放在我们里面，那就是罪的死亡代价。死亡不是惯常事件，我们内心知道死亡不是正常的。从最初人类的死亡到最末的都是神对罪的判刑，从创世以来一直是如此。对神而言，公义甚至比人命更重要，因为祂是公义的。

罗马当局使用剑来当作保卫帝国与处决罪犯的象征——新约将这象征描述为神用来限制与惩罚行恶者的象征。你可以告诉我死刑不会矫正罪犯——这我同意。你也可以告诉我这不会吓阻其它谋杀者——我同意。但这都不是重点。重点是生命的神圣性——人类的神圣神形像受到攻击，而公义更重要。

若这点确立了，其它一切都会随之成立。基督徒从

第六诫 不可杀人

不相信所有战争都是对的，但多数基督徒也不相信所有战争都是错的。旧约里神子民总必须跟随神决定是否开战。神清楚说在某些情况下，若要成就公义，就必须进行战争。其它情况中，当以色列人鲁莽参战，神则告诉他们这不是公义的行动，他们不会赢得胜利只会受苦。神没有告诉以色列人所有的战争都是对的或错的。神只告诉他们公义总是对的，而有时必须采取终极的实体武力制裁，以维持公义的原则，神在整部圣经都是如此。

这就是为何当保罗在法庭上的被告席面对可能遭判死刑（若指控属实）的诬告时，他在被告席上说："我若行了不义的事，犯了什么该死的罪，就是死，我也不辞。"这是圣徒保罗的演说。这位初代基督徒神学家与思想领袖的声明真是非凡！现在随之而来的是个有趣的问题——假设人类社会有必要使用终极制裁手段，那基督徒应该使用这手段吗？他们不该把这手段留给非基督去做就好吗？我其实认为这是种懦弱的逃避，因为圣经没有写下关于这种做法的任何正当理由。基督徒是同属两个国度的公民，地上与天上的国度，而圣经教导你对两个国度都有责任。你不能因为自己如今属于天国，就免除自己在世上的责任。诚然你在为天国服事时绝不能使用暴力。耶稣对彼拉多说："我的国不属这世界；我的国若属这世界，我的臣仆必要争战。"

问题是我们仍同属两个国度，我们也必须让凯撒的物当归给凯撒，神的物当归给神。最容易的做法就是从军去打一切上级叫我们去打的仗。比较困难的则是凭着良心反对，完全不加入军队，或只加入医疗部队或到农场服务，或者，就像第一次世界大战时，为了信仰拒绝从军而去坐牢。其中最困难的就是愿意为了公义而战，也愿意拒绝参与不公义的战争。

在苏依士运河争议时，我曾担任英国皇家空军的驻军牧师。在苏伊士运河危机（Suez Crisis）发生时，我人正在中东。身为牧师，这对我来说是很容易的任务，因为我毋须参与战斗。军队绝不会征召我去打仗，而我若发射武器的确也是违法，所以我想若敌军掳获我们，我会是第一个战俘。因此我已经不是打仗的人选。部队的牧师并不从属于军令。他们在那儿只是为了帮助若没有我们可能无法听见福音的人。但军人却是在军队里，而在苏伊士运河争议之时，有个人拒绝以坎培拉（Canberra）轻型喷气轰炸机轰炸苏伊士，因为他说："这不是一场公义的战争。"这声明回响在我们整个军队中，而我就在辅导这个问题。许多战争都呈现出这个问题。

现在我们来到医疗领域，要从我称之为"正当杀人"，也就是在我看来有重要正当性的杀人，进入到"安乐死"的讨论。我们必须公正地面对整个议题，我也只能就我对圣经的理解告诉你，我看不见圣经说我们有权缩短一个人的存在。

我知道医学上已发现延长人性命的方法，但我非常害怕安乐死普及的长远影响。第一，想想看这对人类本

第六诫 不可杀人

身的影响——若我们坦诚以告，我们许多人岂不是已经活够了？有时生命对我们而言太沉重了，然而我们熬过去之后，会感恩既非我们自己也非任何人让我们做出结束生命的决定，并且发现神还要我们在世上完成更多事。或多或少，我们都走过低谷。

我也因为安乐死对亲人的影响而发颤。我们通常提及的情形是有个有钱的亲戚年事已高，想要离世，而除非他离世，否则他的钱不会归与他的家族。这时就存在着令我颤抖的压力。但我最害怕的，就是安乐死对整个社会的影响，以及当我们只考虑到个案时，会夹杂强烈的情感想帮助他们。然而，这对社会整体的长期影响将会是贬低人类的生命价值，更多可怕的事情会随之而来。这是我的个人看法，没有圣经的话语作为根据。

总之，我想告诉你这一条诫命，我相信几乎适用于所有人。我要告诉你耶稣说这条诫命是什么意义。他教导谋杀不只一种方式：你可以在情感上谋杀人；你可以在思想上谋杀人，你也可以在言语上谋杀人，它们与行为上的谋杀同等严重。

他提到的三个例子就是怒气、骄傲与辱骂。耶稣说："凡无缘无故地向人动怒的，就是杀人。"若你无故——也就是没有正当理由对人动怒，你就是谋杀犯，而且你有遭受地狱之火的危险。我们有多少人犯了这种谋杀？怒气就是情感上的谋杀。你希望某人死亡，你的怒气若没有化为行为，也表示你的内心已经充满谋杀犯的潜能。

谋杀人的第二种方式就是藉由骄傲，在思想上谋杀人。你知不知道耶稣说势利也是谋杀？鄙视某人就是摧毁某人。你因为自己更有钱、社会地位更高或更有学识而瞧不起人——这样就是谋杀；看别人比你低下。这为何是谋杀？因为你忘了他们也是依照神的形像受造。贫民窟那位衣衫褴褛的人也是依照神形像受造，若你鄙视他，就是在谋杀他——这就是耶稣的教导。

耶稣说的最后一种谋杀就是辱骂。你有没有叫过某人白痴？你有没有叫过某人笨蛋也真心这么认为，说："你没救了，真令人受不了，你没指望了。"若你这么做，你就是谋杀了他们。你知不知道若你曾想着，甚至不用说出，某个人"没救了"，那么你就谋杀了他，因为你实际上就是在毁坏他们里面的神形像并说："现在你不可能恢复了。"你就是把他们往下拉沉，夺走他们内在的神形像——那需要也能够恢复的形象——你打碎这形象，而且也不打算尝试重建它。

现在，坦白说，当耶稣说这话时，我就已经是谋杀者，多数人都是。我们都成了被揭发的谋杀者，不是手中拿着武器，而是脑海与内心，甚至舌头夹带着武器。若眼神能杀人，我们已把人杀死了。耶稣死在十字架上，付上了律法的最高代价——他受了死刑。他旁边濒死的罪犯说："我们所受的与我们所做的相称，"他在死亡时，明白自己受刑是正当且公义的。

耶稣没说："不，你错了。我来是要废除死刑！死刑是对付犯罪的野蛮手段！"耶稣说："今日你要同我在乐园里了。"意思是说：你已接受了公义，现在我给你怜悯。耶稣付上了最严重的刑罚代价，使我们这些谋杀犯可以得自由。一天后有个谋杀犯走在耶路撒冷的街头——他成了自由身，而他的名字是巴拉巴。我们今日之所以活着，你在今日之所以能活着享受着这世界，只因我们就像巴拉巴一样。我们不仅可以指着十字架说："惟靠神恩典我才能脱罪，"还能说："惟靠神恩典才有耶稣为我们死。"

雅各在他信中写道："凡遵守全律法的，只在'不可杀人'一条上跌倒，他就是犯了众条。"想想看雅各竟然选了这条；你会以为遵守其它诫命的人一定也遵守了这条，你以为这是最容易遵守的一条，但现在我们知道并非如此。现在我们知道自己并没有一直尽到义务持守生命的神圣性，明白我们已经在思想、言语与情感上杀了人，即使我们从没真正犯下杀人行为。

第七诫
不可奸淫

这是关于以色列史上最好的君王，一个相当令人难过且污秽的故事。

过了一年，到列王出战的时候，大卫又差派约押，率领臣仆和以色列众人出战。他们就打败亚扪人，围攻拉巴。大卫仍住在耶路撒冷。一日，太阳平西，大卫从床上起来，在王宫的平顶上游行，看见一个妇人沐浴，容貌甚美，大卫就差人打听那妇人是谁。有人说："她是以连的女儿，赫人乌利亚的妻拔示巴。"

大卫差人去，将妇人接来；那时她的月经才得洁净。她来了，大卫与她同房，她就回家去了。于是她怀了孕，打发人去告诉大卫说："我怀了孕。"大卫差人到约押那里，说："你打发赫人乌利亚到我这里来。"

约押就打发乌利亚去见大卫。乌利亚来了，大卫问约押好，也问兵好，又问争战的事怎样。大卫对乌利亚说："你回家去，洗洗脚吧！"

乌利亚出了王宫，随后王送他一分食物。乌利亚却和他主人的仆人一同睡在宫门外，没有回家去。有人告诉大卫说："乌利亚没有回家去。"

大卫就问乌利亚说："你从远路上来，昨夜为甚么不回家找你妻子去呢？"

乌利亚对大卫说："约柜和以色列与犹大兵都住在棚里，我主约押和我主的仆人都在田野安营，我岂可回家吃喝、与妻子同寝呢？我敢在王面前起誓：我决不行这事！"

大卫吩咐乌利亚说："你今日仍住在这里，明日我打发你去。"

于是乌利亚那日和次日住在耶路撒冷。大卫召了乌利亚来，叫他在自己面前吃喝，使他喝醉。到了晚上，乌利亚出去与他主的仆人一同住宿，还没有回到家里去。次日早晨，大卫写信与约押，交乌利亚随手带去。信内写着说："要派乌利亚前进，到阵势极险之处，你们便退后，使他被杀。"约押围城的时候，知道敌人那里有勇士，便将乌利亚派在那里。城里的人出来和约押打仗；大卫的仆人中有几个被杀的，赫人乌利亚也死了。

于是，约押差人去将争战的一切事告诉大卫，又嘱咐使者说："你把争战的一切事对王说完了，王若发怒，问你说：'你们打仗为甚么挨近城墙呢？岂不知敌人必从城上射箭吗？从前打死耶路·比设儿子亚比米勒的是谁呢？岂不是一个妇人从城上抛下一块上磨石来，打在他身上，他就死在提备斯吗？你们为甚么挨近城墙呢？'你就说：'王的仆人——赫人乌利亚也死了。'"

使者起身，来见大卫，照着约押所吩咐他的话奏告

第七诫 不可奸淫

大卫。使者对大卫说:"敌人强过我们,出到郊野与我们打仗,我们追杀他们,直到城门口。射箭的从城上射王的仆人,射死几个,赫人乌利亚也死了。"

王向使者说:"你告诉约押说:'不要因这事愁闷,刀剑或吞灭这人或吞灭那人,没有一定的;你只管竭力攻城,将城倾覆。'可以用这话勉励约押。"

乌利亚的妻听见丈夫乌利亚死了,就为他哀哭。哀哭的日子过了,大卫差人将她接到宫里,她就作了大卫的妻,给大卫生了一个儿子。但大卫所行的这事,耶和华甚不喜悦。耶和华差遣拿单去见大卫。拿单到了大卫那里,对他说:"在一座城里有两个人:一个是富户,一个是穷人。富户有许多牛群羊群;穷人除了所买来养活的一只小母羊羔之外,别无所有。羊羔在他家里和他儿女一同长大,吃他所吃的,喝他所喝的,睡在他怀中,在他看来如同女儿一样。有一客人来到这富户家里;富户舍不得从自己的牛群羊群中取一只预备给客人吃,却取了那穷人的羊羔,预备给客人吃。"

大卫就甚恼怒那人,对拿单说:"我指着永生的耶和华起誓,行这事的人该死!他必偿还羊羔四倍;因为他行这事,没有怜恤的心。"

拿单对大卫说:"你就是那人!耶和华——以色列的神如此说:'我膏你作以色列的王,救你脱离扫罗的手。我将你主人的家业赐给你,将你主人的妻交在你怀里,又将以色列和犹大家赐给你;你若还以为不足,我早就加倍地赐给你。你为甚么藐视耶和华的命令,行他眼中看为恶的事呢？你借亚扪人的刀杀害赫人乌利亚,又娶了他的妻为妻。你既藐视我,娶了赫人乌利亚的妻为妻,所以刀剑必永不离开你的家。'耶和华如此说:'我必从你家中兴起祸患攻击你;我必在你眼前把你的妃嫔赐给别人,他在日光之下就与她们同寝。你在暗中行这事,我却要在以色列众人面前,日光之下,报应你。'"

大卫对拿单说:"我得罪耶和华了！"

拿单说:"耶和华已经除掉你的罪,你必不至于死。只是你行这事,叫耶和华的仇敌大得亵渎的机会,故此,你所得的孩子必定要死。"

撒母耳记下 11 章

在二次大战期间,当俄国军队前往会合美军与英军时,一位外出为孩子与自己觅食的博格迈尔太太被逮捕了,她没能留给孩子只字片语,就被带到乌克兰的战俘营。在此同时,她的丈夫也被俘虏最后送到英国威尔斯的战俘营。最终丈夫获释。他回到德国,在寻觅几星期之后找到了孩子,年纪最小的两个在俄属的管束学校,而最大的躲在地窖里。他们都不知道妈妈在哪里。他们从未停止寻找她,因为他们知道惟有妈妈回家,全家才能在历经浩劫后再次完整。

在此同时,远在乌克兰,一位仁慈的战俘营指挥官告诉博格迈尔太太,她的家人又再次团圆,他们也正在找

第七诫 不可奸淫

她，但军方无法释放她，因为战俘只有两种情形才能获释。第一，战俘罹患营内无法治疗的疾病，必须被送往俄国的医院。第二，若妇女怀孕才能获释。在这种情形下，该妇女会被视为无法工作的累赘。博格迈尔太太经过仔细的考虑，最后决定请求一位友善、粗俗的德国战俘营守卫让她怀孕，他也让她怀孕了。她的情况经由医学证实；因此她就被送回德国，受到家人的完全接纳。她告诉家人自己所做的一切，而家人也完全同意。时候到了，婴儿出生。他们给他取名为戴德利，他们尤其爱他，因为他们觉得戴德利为他们所做的，比任何人都多。对于那位德国守卫，他们只有满心感恩与爱的回忆。

这真是则故事，对吗？我提这故事，是因为我要突显无论诫命是什么，若你让你的心统管你的理智，你始终可以找到让自己正当化违犯诫命的情境。但简单的事实就是尽管这整个经历与决定带来了一切益处，但博格迈尔太太仍是故意且明知地违犯第七诫。今天也有许多较轻微的案例，人们也将自己同样的行为正当化。更常发生的是，人们将这种行为正当化的理由都推说是爱。我们社会已经演变到一种程度，人们会说："两人相爱同居而不结婚，强过两人婚后不再相爱。"

我们活在一种舆论氛围中，认为奸淫若出于真爱，就不是什么严重的过犯，因为反正又没伤害任何人。这是基督信仰首先出现时的希腊与罗马帝国文化。我料想若温莎公爵（Duke of Windsor）与华理斯（Wallis）是在现今坠入爱河，英国就会让他保有王位。而在今日若社会名流谈恋爱，大家连眼都不会眨一下。

神为何要设下不可奸淫的诫命？这岂不是属世之人会批评神心胸狭窄，扫人兴致的又一个例子。祂难道不知道你可能不再爱着你的配偶，内心深爱他人吗？既然神造了我们，难道祂不了解，人类的爱情会引导我们做出什么事吗？奸淫有什么不对？拿这问题来问基督徒好像很奇怪，因为教会在这件事上的立场通常远落后于世界的看法，尽管也快跟上了。我们必须客观并诚实地综览全局，如此也许会发现这条律法对我们多数人都有话要说。

我要说明为何神设下这条基本的律法，以及祂说："不可这么做"时的心意。我要探讨性的重要性、婚姻的意义、爱的层次、离婚的危险与婚姻对社会的防护功能。这里有五点，是我基于圣经，相信神在告诫我们不可奸淫时的心意。

第一，**性的重要性**。我们每个人都有性欲，并发现它与生命息息相关——这是我们全人之中最强大的冲动，而且它就存在那儿。那性欲到底是什么？人文主义者要我们相信性欲与其它生理欲望没什么不同，这是我们身体的渴望，应该要得到满足。它的顺位就如同我们想要吃喝的食欲一样。我们在人文主义者的观点里基本上就是动物，性欲则是动物进化过程遗留下来的东西。因此人文主义者认为由于性只是生理欲望，因此必须不计代价不问方式来满足它。喜爱隔壁女主人烹饪的料理与约克夏布丁，或是喜爱她的魅力，这两者之间并无任何道德上的分别。这是将性视作单纯生理欲望的基础观点。但当我读圣经，我发现还有两处与这观点有关。

首先，性不仅属生理，它还属精神。我的意思是性行为不可被视作与吃掉别人的约克夏布丁相同，因为简单来说约克夏布丁不会涵盖你的全人与性情，但性却会。当你透过性的方式付出自己，你就是在"精神上"献出自己，你与之前再也不一样了。你将自己给了某人，不仅在生理上，还抱括精神、心理与情感上。你已经涉及其中——不仅是你的胃，而是你的全人。你不可能将这欲望与你的全人分离——这就是圣经的解释。

此外，圣经指出性不仅是生理与精神层面的事，它也是我们属灵的一部分。这对你也许是个新闻。但容我从创世记第1章说起，神说："我们要照着我们的形像造人"，神就照着自己的形像造人，乃是照着祂的形像造男造女。这也就说出了一个事实：我们人之所以有性欲，某程度是反映了属灵的特性。这就是为何在圣经的中心有一首爱之歌，里面煽情的诗让许多基督徒都感到难为情。这就是圣经里的雅歌。

我们将雅歌属灵化，是为了避谈圣经的中央竟然会有情色歌曲的简单事实，但雅歌确实存在，是因为它事实上回应了人类属灵上非常深刻的一部分。多年来基督徒在雅歌里，找到了他们想要表达与主亲密关系的描绘。保罗在以弗所书第5章说婚姻就是教会与基督关系的图像。因此性不仅是生理欲望；还包含全人，而且是属灵的事。所以我们来到第一个基本原则：无论何时当我们将性视作单纯生理层面的事——只是一种欲望——我们就剥夺了性的意涵，迟早会毁了它。

我要探讨的第二点，就是**婚姻的意义**。两人结婚时到底会发生什么事？婚姻只是单纯两人同住更省更方便？顺便一提的是，这真是史上最大的谬误！但婚姻是否只是两人说："好吧，让我们团结力量大。让我们帮对方煮饭，并且睡在一起，这比一下到你家一下到我家方便多了。"婚姻只是种方便，让两人能互相照顾，也把自己照顾得更好吗？婚姻是否只是两人之间的合约，双方同意在彼此意愿所及的期间内为对方做些事情，一旦他们觉得受够了，就可以解除合约走人？

圣经对此的解答是婚姻远远不仅是便利，远远超越合约。当两人结婚，他们的生命必然产生彻底的改变，这就是：两人结为一体。不仅是一个身体——尽管他们的身体确实会结合——他们成为一个人。因此若两人合而为一，那么其中一人就变成一个"半"。如今我只是半个人，而我妻子就是我比较好的那一半！只要配偶还活着，这个人就是半个人。少了另一半就不完整。

圣经中只有一件事能恢复这半个人的完整，那就是死亡。马可福音12章与罗马书第7章都提到，惟有死亡能恢复一个人的完整性。死亡使人不再只有一半，原因

第七诫 不可奸淫

很简单，夫妻俩人透过身体神圣结为一体的这肉体，不再是世上的肉体。因此婚姻破碎而那半个人就恢复了完整。这就是为何在婚礼中新郎新娘会说："直到死亡将我们分开。"即使夫妻俩同为信徒期待日后在天国重聚，我们仍要清楚说明，世上的夫妻一旦配偶死亡，原本因婚姻变成的半个人，将会因此恢复完整。

因此这里谈到婚姻的意义，若两人成为一体要发生，两人间不可能只有劈分或依附，在这之前还需有分离。"人要离开父母，与妻子连合。"一段关系必须先被打破，才能成就另一段关系。

因此婚姻绝不是私人的事情。不是两人决定同住就好。婚姻还影响到其它人；影响到社会。我确信我们所有已婚的人，在婚礼前都有个阶段，想要两人跑到私奔小镇雷特纳·格林（Gretna Green），忘却一切烦忧。就是所有那些"我们是否该邀请某某阿姨某某伯母"，还有"我们要是没发帖子给他，他会不会生气"等顾虑。

但基于下列理由，婚姻公开是正确与恰当的：因为你破碎了其它关系来成就婚姻关系。当两人结为一体，这会深刻影响他人。首先，以往没有关系的人，如今在"法律上"有了连结。现在你有了婆婆或岳母，还有公公或岳父，两家人有了连结。这就是婚姻的意义。

第三点，我们要探讨*爱的层次*。每个人都高唱爱，每个人都谈论爱，每个人都渴望爱，但爱到底是什么？你如何定义"爱"？

其中一个困难就是英文是如此受限，因此我们将love 一字用到底，但希腊文关于爱却有各种词汇。关于婚姻与爱的构成，现在有三种观点。我要用理性观点、浪漫观点与宗教观点来标记它们。

理性观点认为爱主要关乎心智，关乎决定谁适合谁，谁很互相匹配以安排婚姻。许多社会都有段时期人会奉父母之命结婚。在一些传统的正式仪式中，新郎仍会询问新娘父亲是否能将新娘托付给他，如今这只是种仪式，但在古代这可是一件重大的事。整个婚姻都是理性安排的产物。

"年轻人，你的前途何在？你能够照顾我的女儿吗？你们匹配吗？你们是否契合？"许多理性的问题会出现。有个人想到一位年轻人对他女儿说："我列出了你的优点。在我的列表上你有十五项优点，等它增加到二十项时，我就会向你求婚。"

女方则说："你最好动作快点，因为我正在列出你的缺点，而且已经列出了十九项。"这就是理性主义看待爱的方式。

我要说我相信许多人都错误地排除了爱的理性面。我曾对年轻人说：若你们真的匹配属于天作之合，其它人也会如此觉得，外人虽没有你们这种浪漫的感觉，但却能理性审视你们双方并说："他们很匹配。"这可以作为你们交往的指引评量。

但现在我们看见爱已从理性摆荡到浪漫爱情——人

们对爱的认知已从头脑移转到心灵，对爱的诠释也完全从感觉出发。现在若我们在爱里完全没有感觉，那这份爱一定有问题，但若只有感觉别无其它，那同样也有问题。但以浪漫观点看待爱的错误就是——一旦你对对方没了感觉，爱就此停止而消失。这就是纯粹浪漫的观点。

现在让我进入基督徒的观点，这既非理性也非全然浪漫主义。基督徒的观点认为爱的心肠不仅存在于你对一个人的想法，也不单纯存在于你对某人的感觉，而是你对一个人的所作所为。因此爱不仅集中在头脑或心灵，也集中在意志上。爱有理性的了解，也有浪漫的感受，但当一对情侣站在祭坛前结婚而我站在他们前面，我不会对他们说："你们认为彼此匹配吗？大家认为你们匹配吗？你们双方家长同意吗？"

我也不会对他们说："你们对彼此的感觉如何？"他们通常会不知所措，根本不懂我在说什么，而他们的感觉真的也不会是他们未来的写照。我不会问他们对彼此的感觉，他们也不会回答我的问题说："我认为我爱这人。"不会说："我觉得我很爱这人。"但我却会问他们："你要如何对待他？无论发生什么事，你都准备好要忠于配偶了吗？无论景况好坏，富贵贫贱，健康或疾病？你是否准备好以忠诚相待？"

若做到这样，那这在神眼中就是真爱，因为这正是神对我们的爱。这爱不是建立在祂对我们的评价上，我们也知道祂可能怎么看我们。这也不是都建立在祂对我们的感觉上，因为我认为有时祂对我们的感觉一定非常复杂。这是一种爱，诉说着："我会爱你。无论好坏，我都爱你。我已接纳你属我。"耶稣爱他的子民，尽管他们犯下一切恶行，但他还是爱他们到底。

因此爱毋须在感觉消逝时停止。当理性与头脑都指向应该打破这爱时，爱也毋须停止。若这爱是圣经描绘的爱，那么它仍将继续。

第四点是关于**离婚的危险**。这是信徒会众目前面临的一大问题，也是我必须一再对付的问题。（若要阅读更详细讨论，请参阅我另一本书《离婚与再婚——圣经怎么说？》(*Remarriage is Adultery Unless......*)）简言之，圣经对离婚怎么说？我再次强调，我们应该受圣经规范，而非受世界规范，该受头脑规范而非心情规范。我要提出三个问题，这对许多人来说是个很微妙的问题：神对离婚有什么看法？离婚造成的分居有时难道不是两害取其轻的选择吗？离婚后可否重婚？

第一个问题，神怎么看离婚？对于这个答案，没什么好怀疑的。在玛拉基书2章16节，神说："离婚是我所恨恶的。"没什么比这更清楚，毫无疑问耶稣非常恨恶离婚并反应出他天父的态度。因此第一个问题答案很简单。离婚偏离了神对祂子民的计划。离婚不是神乐见的事，也不是神定意的事。我希望其它两个问题的答案也一样简单。

第二个问题：离婚而分居有时难道不是两害取其轻

的选择？圣经的答案是：是，有时离婚分居是正确的步骤，但不是因为这是好方法，而是因为它是比较没那么差的步骤。新约设想的情况就是当家庭状况已经到了一种地步，无法再反映和睦与平安的神，迫使孩子在充满敌对、憎恨与争吵中成长。新约相当清楚说有时若情况已到了这地步，两人最好也有必要分开居住，而非水火不容住在一起。

哥林多前书7章也提到一个特殊情况，这是种异常却常见的情形。那就是？——两人结婚后，一人成为了基督徒。这会成为两人间紧张与挫败的真正来源。我认识许多家庭都是这样。两个本来由非信徒组成的和睦家庭，后来却因为信与不信无法同共负一轭而变得非常不快乐。圣经教导若一个人在婚前就是基督徒，则不可与非信徒同负一轭结婚；基督徒只能嫁娶基督徒。但许多人是在婚后才信了主，这就造成了很大的磨擦。保罗在此相当清楚说明这原则，就基督徒配偶而言：他们应该尽力持守婚姻，心怀盼望带领配偶相信基督。保罗说："你这作妻子的，怎么知道不能救你的丈夫呢？你这作丈夫的，怎么知道不能救你的妻子呢？"

但这个问题的另一方面是这样——若非信徒渴望离开婚姻，基督徒就应该让他们离开，没有义务要与他在一起。理由是在某种意义上，配偶间的话题对非信徒已经不公平。他当初娶的并非是一个基督徒，他也没有意愿娶个基督徒。若该配偶在交往时就已是基督徒，那就没什么好说。但若突然间他娶的人成了基督徒，这就是个棘手的情况。

圣经中最幽默的经文，就属雅各的第一段婚姻，我从未讲过关于这主题的道，因为我想自己没办法板着脸讲完："到了早晨，雅各一看竟然是利亚"，这在我看来是整部圣经里最高超的含蓄陈述。雅各以为跟自己同床的是拉结。同样地，不信主的丈夫，或较少见的不信主妻子，突然醒来发现他们嫁娶了一个与在婚礼上不同的人。保罗说若不信主的配偶想要离开婚姻，就让他们离开，因为神是和睦的神，祂不希望奉祂的名造成不睦。有些情况中离婚分居是两害相权取其轻的方法，相对来说是较好的选择。

现在我们进入第三个也是最困难的问题，这是问题的中心，也需要完全的诚实：离婚造成的分居允许再婚吗？我们必须个别讨论。我希望我们能分开讨论，是因为离婚造成的分居很容易会造成再婚。但对已婚夫妻来说分居是一回是，其中一方再婚又是另一回事。但人们却把离婚造成的分居当作再婚的许可。

这段经文确定了方向："妻子不可离开丈夫，若是离开了，不可再嫁，或是仍同丈夫和好。"这里设想的情况是为了两人的和睦而必须分居。这相当清楚，若人发生了离婚而分居的情况：他必须保持单身或与原本的配偶和好。这是新约的基本立场。有任何例外吗？

现在我要说明当耶稣被问及离婚问题时，他自己说的话。他在世时社会对离婚起了很大的争论。两位拉比：希列（Hillel）和沙买（Shammai），对神的话语持不同的解释。摩西说若男人娶妻并发现妻子玷污不洁，他可以写下离婚与分居的休书，并自由再婚。争议点在于何谓"玷污不洁"，沙买说唯一的情况就是：犯奸淫。希列说玷污不洁包含诸多情况。可以是把你早餐面包烤焦，汤煮太咸，讲话太大声，或出门没包头巾——甚至丈夫遇到一个更有魅力的女人。你可以猜到哪位拉比会比较受欢迎。

耶稣被问到他采用那个解释时，他的答案两者皆非。他说："凡休妻另娶的，若不是因为妻子淫行的缘故，就是犯奸淫了。"注意耶稣说："淫行"。许多人忽略了这点，一般以为耶稣将通奸视为一个例外。他是什么意思？我只能就我的研究来告诉你。

我研究过这个问题是因为在英国修改离婚法律前，我曾受到议员与教会牧师组成的离婚改革团体要求，准备过相关研究。

我发现"奸淫"经常用来指法律不许可的已婚人士婚外性行为，但"淫行"则总用来指称单身人士不正当的性关系，这两样并列为不一样的名词。当耶稣讲到因配偶的淫行与配偶离婚时，他是什么意思？答案是他指的不是结婚后发生的奸淫，而是当双方还是单身，直到婚礼时都还未发现的事。这是种非常限缩解释的例外，而且最奇怪的是，这不是英国法律许可的离婚理由。耶稣指的是婚前未被对方发现的不忠，因此不忠的一方进入婚姻一开始就只是半个人，他已与另一人结为一体，却没有被发现，因此婚前也无法受到饶恕，所以这段婚姻也并非建立在正确的基础上。

若这是耶稣的意思，那么圣经许多处都肯认这点。第一，摩西曾说："若男人娶妻并发现妻子玷污不洁，他可以离婚，除非女方父母能证明她的清白。"因此耶稣并非在更正，而是同意摩西的话。第二个赞同这是正确解释的论点，就是门徒对耶稣教导的异常反应。他们的反应等于是这样：若真照耶稣说的，你根本不可能有机会离婚。他们认为耶稣根本摒弃离婚。

这理由事实上正差不多成了耶稣自己家族发生离婚的理由，因为约瑟在与马利亚结婚前，就发现马利亚已经怀了孩子，他是个义人，决定基于摩西律法与马利亚离婚。耶稣现在指的正是这种情况。换句话说，打破婚姻的唯一正当理由就是婚姻从未开始，这也合情合理。如此你就能理解为何耶稣会这么说。耶稣继续更正门徒的看法。若我对耶稣教导的理解没错，那么当今一切离婚的理由都不成立。耶稣说离婚后的再婚就是犯奸淫。你自己可以查找经文，看看是否就是如此。若我们宣称自己属基督，我们就不能违背他的教导。我们每个人必须遵从自己的良知与这项教导。

第五点，也是最后一点，我们要来探讨**婚姻对社会的防护功能**。婚姻对社会何等重要，有如砖瓦之于建筑物。无疑地，若婚姻崩解，社会也会瓦解崩毁。历史上

第七诫 不可奸淫

充满这类情节。我只提罗马帝国。在罗马共和的前五百年，史上并没有婚姻破裂的记录。接着罗马征服了希腊，希腊又以另一种方式征服了罗马。

希腊最伟大的哲人之一曾说："我们拥有各种供寻欢的娼妓、供同居的妾侍，以及供生育孩子打扫家里的妻子。"这在希腊人看来自然而习以为常。西塞罗（Cicero）与苏格拉底（Socrates）也赞成这种体系。他们都有情妇与妻子，你毋须任何法律程序，就可以与妻子离婚，只要在两位证人面前告诉妻子"你走吧"即可。罗马征服了希腊，因此希腊的道德观也在罗马传递开来，产生了罗马历史纪录上第一个婚姻破裂，直到罗马人自己的婚姻也成了过去式。史上记载在罗马征服希腊不久之后，有位妇人在五年间嫁了八个丈夫。等到主耶稣降生时，孩童纯粹是个麻烦，因为当你要离婚时，他们就成了绊脚石，道德日益低落。罗马帝国没因为外侮而垮台，而是因为内部社会的基石崩解。当足够数量的基石崩解，整座房屋也会坍塌。

神命令我们："不可奸淫"，就是要保有使社会运作的必要元素。婚姻是社会的中心。若今日你正带着一份"我愿意"的爱持守婚姻，你就是在为国家进一份伟大的贡献。

我已经讲完五点，但可能多数读到这里的人仍觉得很心安理得，也许我们不该如此，因为耶稣在解释十诫的意含时，更衍伸了十诫的意义。他对第六诫的方式与对第七诫一样。他就第六诫清楚说了谋杀不只是你用手做出的行为，还包括你的心思意念。他对第七诫也是如此：奸淫从内心而非外部行为开始，这就是奸淫的起头。他指出了律法的精神而非只有字义。我们在社会上面临了要我们对配偶不忠与另寻芳草的压力。耶稣却要我们努力打这场内心争战，赢得胜利。

新约继续超越心理与情感上犯奸淫，论及属灵的奸淫。属灵的奸淫可这样描述：若你爱神又爱世界，这就是属灵的奸淫。律法在新约里更加衍伸，涵盖远远超越身体的行动。律法在新约涵盖了内心思想，以及我们在属灵上对爱我们并在基督里与我们结为连理神的不贞。这就像律法一样，显明了我们的不义。保罗指出正是律法的笔直锋韧，叫我们看见自己的败坏。

但这条罪并不是也永不会是无法得到赦免的罪。在旧约我们读到何西阿，一名娶了妓女的传道人。这段婚姻没有成功，妓女又回到了过往的生活。何西阿在内心涌出了一份爱，使他不断在市井寻觅她，寻见了她，带她回家，又爱她饶恕她。何西阿透过这段经历，认识了神的饶恕，与神的恩典诉说：我必医治你背道的病，甘心爱你。

耶稣对犯奸淫当场被抓的女人说："我也不定你的罪。去吧，从此不要再犯罪了。"奸淫并非不可赦免的罪，但仍是罪。而我们所有人的内在都有不忠的天性。

第八诫
不可偷盗

耶稣进了耶利哥，正经过的时候，有一个人名叫撒该，作税吏长，是个财主。他要看看耶稣是怎样的人；只因人多，他的身量又矮，所以不得看见，就跑到前头，爬上桑树，要看耶稣，因为耶稣必从那里经过。耶稣到了那里，抬头一看，对他说："撒该，快下来！今天我必住在你家里。"他就急忙下来，欢欢喜喜地接待耶稣。

众人看见，都私下议论说："他竟到罪人家里去住宿。"

撒该站着对主说："主啊，我把所有的一半给穷人；我若讹诈了谁，就还他四倍。"

耶稣说："今天救恩到了这家。"

路加福音 19 章 1-9 节上半

又有两个犯人，和耶稣一同带来处死。到了一个地方，名叫"髑髅地"，就在那里把耶稣钉在十字架上，又钉了两个犯人：一个在左边，一个在右边。

当下耶稣说："父啊！赦免他们；因为他们所做的，他们不晓得。"

兵丁就拈阄分他的衣服。百姓站在那里观看。官府也嗤笑他，说："他救了别人；他若是基督，神所拣选的，可以救自己吧！"

兵丁也戏弄他，上前拿醋送给他喝，说："你若是犹太人的王，可以救自己吧！"在耶稣以上有一个牌子写着："这是犹太人的王。"

那同钉的两个犯人有一个讥笑他，说："你不是基督吗？可以救自己和我们吧！"

那一个就应声责备他，说："你既是一样受刑的，还不怕神吗？我们是应该的，因我们所受的与我们所做的相称，但这个人没有做过一件不好的事。"就说："耶稣啊，你得国降临的时候，求你记念我！"

耶稣对他说："我实在告诉你，今日你要同我在乐园里了。"那时约有午正，遍地都黑暗了，直到申初，日头变黑了；殿里的幔子从当中裂为两半。耶稣大声喊着说："父啊！我将我的灵魂交在你手里。"说了这话，气就断了。

百夫长看见所成的事，就归荣耀与神，说："这真是个义人！"

路加福音 23 章 32 节以下

一位在基督教慈善机构长大的印度男孩来到了英国留学。在印度为他送行的宣教士警告他英国可能不像男孩想象的那么基督化，他将会看见许多令他不安的事。这位少年到英国留学三年，然后回到印度那所慈善机构，那位当初为他送行的宣教士遇见了他，说："如何，是不是让你大失所望？"

男孩说："不会，一切都好极了。我在伦敦的第一天就见证三项神迹。"

"快告诉我。"宣教士说。

"这个嘛，"他说："我上了伦敦一辆巴士，旁边坐了一位女士，她起身要下车，但是她没看见车掌；他在巴士上层。因此这位女士将车资交给坐她旁边的男士请他转交给车掌。这是第一件神迹。车掌下楼后这位男士将车资给他，这是第二件神迹。车掌把钱放在袋子里将票打个洞，这是第三件神迹。"这段经历唯一令人难过的，就是那是在五十年前。我料想今日若一位印度人造访英国，可能不会看见这么多神迹！

几年前有新闻报导有一家二十口人，单靠窃盗维生。他们的孩子从小就学习偷窃。记者形容这家是个"异教徒家庭"。当然，人们看见这类事情都会惊恐地合起手，至少有些人会如此。但偷窃为何不对？若人需要一样东西，为何不能直接取之？我整理了七种情况，这些都是当今人们认为可以正当化的偷盗行为。

第一：你真的很需要你偷窃的这样东西。这似乎是人们生存的原则之一。若你需要这个，许多人就认为你有权偷这个。你有权活得像其它人一样，因此你有权取得你所需要的。

第二：人们一般认为若所有人不需要这样东西，你就有权偷取。你有没有听过办公室里流行的那句话？"喔那样东西根本没人用过，你就拿去吧。你在家里可以用到。"

第三种"情况"就是若所有人不会思念这物品，你就可以偷取。

第四种情况有点像是，若物品所有人还可以负担得起再买一个，你就可以偷取。毕竟，他有的是钱。他很快就可以再买一个，但你不行。

第五，若这只是个小东西，你就可以偷。只要不是什么贵重物品，应该就无所谓。

第六，只要这东西不属于你所认识的人，你就可以偷取。尽管我不知道为何人们认为这无所谓，但我曾听过这种说法——若你偷了朋友的东西，这真正是种背叛，但你若偷的是敌人的东西，那敌人是活该。还有一种类似情况就是只要你不是偷个人的而是偷企业的东西，那就没关系。我老到还记得英国将煤矿收归国有，上面竖起一个大告示写着："这个煤矿属于你。"然后他们真的就把煤矿征收了。

有些人认为阻止偷窃的最佳方法就是废除财产私有制。但有这么多人认为只要你是从一个大型组织而非个人偷取东西那就无所谓，这实在很奇怪。

第七种我已经提到过的就是只要你能逃得掉制裁，偷东西就没关系——也就是说"不可被逮到。"

有些人，就像我指出的，他们说真正的问题出在私有财产制，并主张若我们共享所有东西，就不会有偷盗

第八诫 不可偷盗

发生。信不信由你。共产党确实相信在无产阶级拥有所有东西的完全共享社会，就不需要任何警察，因为犯罪会消失，偷盗会成为过去式。在历史上，人类至少产生过七十次不同运动想要废除私有财产制，其中只有五次维持超过四年。

第八条诫命含有财产的不可侵犯性。我们在第六条诫命所看见的是生命的不可侵犯性，在第七条诫命中看见婚姻的不可侵犯性，我们也即将讨论名誉的不可侵犯性。但现在我们要讨论第八条诫命，这条诫命的另一层意义，就是它单单表示了拥有财产并没有什么不对。

甚至是共产社会，也很快发现人们或多或少都会拥有某种财产。偷盗不是肇因于我们拥有私有财产——而是肇因于人性之恶，而非体制之恶。新约从未倡导共产主义。我知道有些人声称新约提倡共产。稍后我会回头来讨论这个问题，但新约教会所做的，与共产主义两者之间的不同，在于新约中大家共享是自愿的，而且并非全面地共享所有财产。个人可以分享他所愿意分享的——人们可以保留一些财产给自己，分享一些给他人，这并非全面性的分享。

十诫这一诫讲得很直白清楚，而且没有附带条件。这一诫没有列出一些情况将偷盗正当化，这一诫只说不可偷盗。

我们观察到在每一个建筑工地、每个百货公司、每个仓库，都有个委婉的词语叫作"商品损失（其实就是店内行窃)"。我可以展示给你看教会建筑有两扇们必须更换,因为他们的质量未达我们当初下订讲好的水平。这是为什么呢?因为有一天有五扇可爱的桦木门,从教会工地走掉了。

因此我们必须暂时将就较差的木门,直到好的门装上来。这栋教会建筑物恰恰标示了人类对这一诫的违犯。我们甚至无法避免偷盗而将教堂建好。尽管因为我们的建堂工地没有围篱,使得这种窃盗程度变得很轻微。我们为此祷告,使得偷窃事件明显减少。

我们每年都得认列上百万英镑被窃的损失。现在我要讲到两种偷盗:从人那里偷盗,以及从神那里偷盗。我们这些不常从人那里偷盗的人,也必须谨记第二部份:你可能从神那儿偷盗。

让我们先来检视从人那儿偷盗。这为何不对?好吧你可以说:"因为神这么规定"——这是个简单的答案,但还不够,对吧。神为何说不可偷盗?为何偷盗是错的?这是因为偷盗再次违反诚实的律法。

这违犯了两种律法:劳动与爱心。你所拥有的,必须透过劳动或受赠而获得。这是获得东西的两种诚实方式。其余方式都不诚实。我们的主要收入,都是透过劳动获得。

这里我举出保罗写下的两段文字,务实到有些人可能以为这话来自贸易公会规章而非圣经:*若有人不肯做工,就不可吃饭*。这就是新约里的话,讲得非常直率。还有一

第八诫 不可偷盗

段：从前偷窃的，不可再偷窃；要靠双手诚实工作（注意：以不同方式使用双手）才能够帮助贫穷的人。

由这两段话看来，我们可以从两方面看到窃贼的特性，这两特性必然影响他的品格。第一，他活着是为了"取"而非"给"。保罗说要让他停止偷窃，努力工作，好让他能学习付出。偷盗会产生只取不给的人，努力工作会产生勤奋工作的人。第二就是窃贼想不劳而获，抄捷径，快速致富，试图避免以劳务或物品交换的正当方式来取得东西。窃贼会成为想不劳而获的人。

当我们讲到这两种特性时，你会发现偷盗有很多种方式。我们不喜欢这名词，因此我们会装饰它。我们可以称之为"商业头脑"。我们可以用各种名称称呼它，但让我们来检视一些我们可能犯下偷盗的方式，我们夺取而非付出，试图不劳而获。单纯偷盗是最明显的：银行抢犯、偷车贼、保险箱窃贼、闯空门的贼。这很清楚在这条诫命的范围内。没什么争议，所以我也不打算争论。最常见的形式也许就是之前提到的店内行窃。

第二种方式就是欺骗：不足额给付、超额收费、夸大误导的广告。我们目前至少还有标签法令（Trade Description Act），这也是我孩子希望我能藉助使用的法令。我每周都会买些零食给他们，有一次我回家时说："我解决了一个家庭生活问题。"我买了三长串太妃糖，上面写着"永恒的太妃糖。"所以我说："善加利用吧，这是我最后一次每周买糖回家了。"他们的反应是回我："爸爸，你去依照签法令申诉吧"——因为那些糖十五分钟就吃光了。

至少我们意识到欺骗就是偷盗，我们也应该如此称之，无论是搭公交车不付车资、贿赂官员、以不当手段操控合约，或操弄外汇。一个没有付给员工公平工资的，或没有负责工作的员工，都是在欺骗，这就是偷盗。

第三，**剥削**。战时我们出现所谓的黑市。由于物资非常匮乏，因此出现了地下市场，让你可以买到一些奶油、培根——但你得付出高额价钱，因为物资短缺。有些人靠黑市大赚一笔。我发现自己不断问着现今房价就剥削性短缺上涨而言，已经何等接近偷盗的程度。人们根本怀疑我们是否其实已经到了以剥削来行偷盗的程度。圣经禁止对贫穷人施放高利贷。圣经禁止你藉由收取高额利息来占穷人便宜。也许我们必须检视房屋市场与贷款机制，使得年轻夫妻拥有自己的家园有多么困难。

第四，我们可能藉由**赌博**来偷盗。我会简短说明什么是赌博。人们说股票交易是赌博。有时确实是如此，但股票交易本身并非赌博。有些人说保险是赌博，不对，保险不是赌博。第一，**赌博乃是创造一个亏损的风险，而这风险是之前所不存在的**。保险并非如此：保险针对的是既有的风险。第二，赌博会一直试图增加某人的损失与支出。我无法理解你如何能爱你的邻舍却又一直增加他的损失。第三，赌博是试图不劳而获，毫无打算用任何货物或有价之物来换取所得的金钱。这三个要

第八诫 不可偷盗

素若都具备，就构成了赌博，无论是公益彩券或是五千英镑赌马奖金。赌注大小完全不是重点。虽然圣经没有特别提到赌博（除了耶稣在十架受难时兵丁拈阄分他的衣服），但我相信我们可以说赌徒就是在偷盗。

第五，**顺手摸走小东西**。我国以前被称为零售商人的国度，如今却成了店内行窃的国度。那些也许只是小东西：饭店衣架、咖啡馆的小匙、刀叉、用餐器皿、烟灰缸、铅笔等等。我很少讲到十诫这一诫，当我有一次讲到时，有位男士正在用他从办公室"摸"来的笔记本抄讲道笔记。他记下了整篇讲道，之后带着个棘手问题来找我。他该怎么办？他不想把笔记本放回公司，因为别人有可能会读到这篇道！圣经也称这种顺手牵羊为偷盗。

第六，有一种偷盗是侵占遗失物。所谓"见者有份"。可以这样吗？谁说这是对的？我还记得自己还小时有一天，我发现一个装满钱的皮夹。那皮夹就躺在人行道上，我满心欢喜地把它捡回家。当时我正在存钱买某样东西，就正好捡到这些钱。但我母亲说："警察局就在路口。"

第七，有一种偷盗叫作"借"。若是不告而借或有借无还，那这与偷盗有何分别？大英图书馆因为这种"借阅"已经损失上百万本书。不付账单实际上就是强迫某人借钱给你。在美国南部一些州，有位黑人牧师非常重视偷盗这个主题。他说："会众里有偷过鸡的站起来认罪。"没人站起来。"会众里有人偷过猪仔的，站起来认罪。"还是没人有动作。"会众里有人偷过玉米的，站起来认罪。"仍然没人站起来。

因此他结束讲道，带领会众唱完诗歌，站在门口，在会众离开时，有位男子擦擦眉毛，说："牧师，若你刚说的是'鸭'，我就惨了。"这提醒我们神自有揪出我们的方法。我也许没讲到你我生活中的特定层面，但这不表示神律法就不适用。圣灵自有祂适用之道。

另一个故事来自同一个教会，那就是一群教会执事在这牧师讲完关于这一诫的道之后，将牧师拉进祭衣室对牧师说："牧师，从现在起你只要讲福音就好，不要再提偷鸡的事了。"但牧师是对的——福音与偷鸡有关，因为福音是关乎救恩。当一位名叫撒该的人说："我若讹诈了谁，就还他四倍"时，耶稣说："今天救恩到了这家。"当人能这样做时，就显示救恩临到了。

圣经里还有一种我们必须检视的偷盗形式，那就是**偷盗神之物**。这是何等惊人的描述！当然，若偷盗没什么大不了，若你能从负担得起的人手中夺取东西，那么你就能偷盗神之物。因为神拥有一切。但让我们仔细检视这段描述。若偷盗人的东西显示你对别人财产的心态不正确，那么偷盗神之物就显示你对自己财产的心态不正确。我稍后会解释这部份。当你说："你的东西是我的"这是偷人的东西。但根据圣经，当你说："我的就是我自己的"，这就是偷神的东西。

让我们回到新约的"公有制"。使徒行传 4 章 32 节

第八诫 不可偷盗

确实写到初代基督徒没有一人说他的东西有一样是自己的，都是大家公用。人们马上跳到结论说因此使徒的意思就是"这不是我的，这是你的。"但这不是他们的意思，他们的意思是"这不是我的，这是耶稣的。"——这两者是截然不同的两回事。他们相信当主耶稣用自己的血付上如此代价，他不止买赎了我，他也买赎了我一切所有。这是对耶稣所带来救恩的深刻理解。他不仅买了我，还将我赎出黑暗也买了我所有的一切。因此我所拥有的不是我的，而是耶稣的。这就是"将神的归给神。"

让我们看看自己可能会掠夺神的情况。第一，我们可能会掠夺神的**钱财**。当你将钱放进奉献袋内，你是否认为你是在把自己的钱财给祂，或是你不愿看见你是在把祂的钱财给祂？这让你投入的财物成为截然不同的意义。第二，我们可能掠夺神的**时间**。神有多少工作因为我们短短一句"我没时间"，而受到妨碍与倒退？然而我们拥有的时间全都一样。我们每个人一天都有二十四小时。我们每个人所拥有的金钱也许不一样多，但神给了我们每个人相同的时间。我们可能掠夺神应得的时间，因为时间是**祂的**。不是说当我在教会时，时间才是神的，甚至不是说星期日才是神的时间——基督徒真正的理解应该是神买赎了我，因此祂也买赎了我所有的时间。问题在于祂的时间里有多少能允许我拥有；而非祂能得到我多少时间？

第三种我们可能无情掠夺神的东西就是我们的恩

赐。我不相信有哪个基督徒是没有恩赐的。有些信徒的恩赐比其它人更多，神有主权决定要将恩赐给谁，但圣经说神给了每个人恩赐。每个人都有可以运用的恩赐。有个重要的例子就是一个拥有一项恩赐的人，将那项恩赐埋藏起来，之后原封不动交给主人，这使得主人对他相当生气，因为他说：当你不运用我给你的恩赐，你就是在掠夺我。你没有赚取任何利息——你大可把这笔财富放到高利贷；你可以用来投资，使我能从中获利。但相反地，你因为只有一项恩赐就将之埋葬起来，你夺取了我的利息。神在我们里面投入了恩赐，因为祂要收取那些恩赐产生的利息。若我说："我没有恩赐，"或说："对不起，我太忙无法运用恩赐。"那么我就是在掠夺神。

我们必须说明偷盗是可以蒙赦免的。这并非不可赦免之罪。若你从小就在体面的环境中长大，你可能会轻视商店窃贼或工厂里偷走工具的人，但我要说对于偷盗，赦免是存在的。我可以证明，因为圣经里一个濒死的盗贼，在生命的最后一分钟，为自己的犯行付了代价并说："主阿……"而主赦免了他。

最后——我们已经这么富裕，为何还要偷盗呢？我曾听过一位富家子在商店行窃。这很不可思议，但有些人确实会这样。为何我们基督徒会想"夺取"，当我们就如同百万富翁——我们活在基督里，因着祂的贫穷成为富足。在基督里，一切都是我们的。整个宇宙都属于我们，因此让我们活出富翁的气势吧。让我们明白我们人

第八诫 不可偷盗

生在世是要奉献，要分配神的丰盛恩典——而非从别人那里获取东西，试图赢得竞争，试图不劳而获，我们在世是要分派天父的富足，这是我们的特权。从前偷窃的，不可再偷窃；要靠双手诚实工作，才能够帮助贫穷的人。

第九诫
不可作假见证陷害人

神透过摩西颁布的第九诫就是："不可作假见证陷害人。"我们对十诫研究愈多，就愈发现十诫其实不是十诫而是一诫。十诫就好像环环相扣的一串链子：违犯一环就是违犯整串。新约向我们显明这点，因此你应该就自己最弱而非最强的部份来审视生活标准——不是就自己设法遵守的，而是自己已经违犯的神诫命。我们将十诫视为整体的生活标准——这当然不是说好像神由下往上加总，我们只要十诫里有遵守六诫就好。而是这就是神对基督徒品格的链子；这是祂的道德链。若我们违犯其中任何一诫，我们就使全部宣告无效；我们就是违犯了律法。有人说第九诫是我们在十诫中最广泛与经常违犯的一条诫命，因此对许多人而言，这是整条链子中最弱的一环。

第九诫以两种方式与其它诫命密切连结。其一就是十诫最后三诫——第八、第九与第十诫——都与掠夺有关。第八诫讲到在行为上掠夺他人，第九诫是用言语掠夺他人，第十诫是在思想上掠夺他人，因为："不可贪恋人一切所有的。"我们也可以将这条诫命与其它诫命连结在一起。我们看见十诫中有五条诫命是关乎我们与神的关系，另外五条是关乎我们与人的关系，在各五条的其中一条——第三条与第九条——都与口舌有关。

罗马兵丁最致命的武器就是一种短而宽的剑，中央有条脊骨，这正是舌头的形状。这就是为何在圣经里，话语常被比喻为两刃的剑。就像罗马士兵能将一片舌状的铁用来伤人一样，我们也能用舌头来伤害人。所谓尖刻的言语，指的正是这个。

现在我们来到关于话语的第九诫。我们将发现除了狭义指法庭上的作伪证之外，还有一种是我们所有人都必须留心听从这一诫，并让这利刃深入切割的广义应用。舌头犯下的罪有多严重？我们多数人都原谅这种罪并等闲视之。我们英国人在儿时都听过一首顺口溜："棍棒和石头也许会打断我骨头，但言语永远无法伤害我。"若说有哪句是谎话，这句就是了。莎士比亚的话则贴近事实多了："偷我钱包的人，不过偷了堆废物，但偷去我好名声的，虽不会让他致富，却真使我成了贫穷。"这离事实不远矣。

圣经非常严肃看待此事。你听过复仇正义（Lex talionis），这条法律说："以眼还眼，以牙还牙，以命还命。"这深远反应公义的法律，其惩罚严厉到在犹太律法中只保留于三种犯罪适用，其中之一就是伪证。若一个人在法庭上作伪证导致另一无辜的人受苦，那么他就该按相同比例受到同样报应：以眼还眼，以牙还牙。

第九诫 不可作假见证陷害人

在新约中，口舌的罪被视为更严重。这里耶稣说："我又告诉你们，凡人所说的闲话，当审判的日子，必要句句供出来。"你现在的话语将反映出你届时的命运。你会因你的话称义或因此被定罪。圣经中鲜少有用词那么严重的："凡人所说的句句闲话。"思想一下保罗的教导。他同时将造谣中伤者列为与谋杀犯同等，说两者都不能承受神的国。因此造谣者与谋杀犯正是同一等级。这种罪、过犯、恶行——无论你怎么称呼，就是十诫的第九诫要对付的。

那么为何圣经把这看得这么严重？答案就是若没有真相，公义就不可能实现。法庭为何要花这么多时间听取这么多证人作证？我曾日复一日，枯坐在法庭上几小时，心想这真是份疲劳的差事。法庭为何要这么做？答案是除非真相大白，否则公义无法伸张。因此当有人站上被告席时，他们会手持圣经并说："我凭全能神起誓我所言属实，而且是完整的事实，除了事实别无其它。"或他们可以做一个非宗教性宣誓。除非真相揭露，否则正义无法伸张。谎言会使有罪的人脱罪，无辜的人却担罪。谎言会扭曲公义，而因为神是公义的神，因此祂要求真相。对人不诚实就会造成不公平之事发生。公义与真相是分不开的。

现在让我们提出三个问题。首先，关于这条诫命，神想到的是什么罪？其次，我们如何犯下这罪？第三，我们为何犯下这罪？我认为，我们每个人，都必须问为何我们会这么做——因为我们确实这么做了。是什么让我们这么做？

首先，这条诫命规范的是什么罪？我们将由伪证的基础定义开始，这发生在法庭上。伪证就是站在证人席上却不说实话的罪。这是英国法律中最严重的罪之一。这被视为非常严重，因为这扭曲了公理正义。现在我要你注意光说出真话还不够。假见证也许也是实话，只是可能不是全然完整的事实。有两种扭曲事实的方式。一种就是不说出完整的事实，另一种就是夸大事实。无论哪一种都是假见证或伪证。你所讲述关于某人的话本身是实话还不够，我们必须讲出完整的事实，描述完整的全局——丝毫不可加油添醋。"我凭全能神起誓我所言属实"这还不够。"完整的事实"表示我不会有所隐瞒。"除了事实别无其它"表示我不会加上自己的印象、意见或想象来润饰。因此才有伪证罪的出现。我们很少人会处在证人席，因此也没有诱因在司法案件中隐瞒或添加事实。所以也许此刻我们觉得很放心，但让我们继续探究下去。

还有一个法庭，在那儿我们全都是证人，那就是公众意见的法庭。你唯一能避免上证人席的方法就是永不打开嘴巴对人下评论。但若你这么做，就是切断自己对外的联系，过着隐居生活。我们每个人都谈论过别人，在公众意见的法庭成为他们的证人。我们所说的话语，会决定他们受到听者公平或不公的待遇。我们每个人都曾处在那种证人席。

第九诫 不可作假见证陷害人

"闲话"这个词有个有趣的历史。若我说你"爱说闲话",你有什么感觉?你还会再跟我说话吗?但若我在五百年前这么说你,你会非常兴奋,认为这是种恭维,但现在并不是这样。英文"闲话(Gossip)"这词里面本来有个 d,原始的拼法是"god-ship"——意为对别人有崇高的挂念,对人有祷告的负担。当教父母来到教子女的洗礼仪式,人们会问他们:"你愿意对这孩子有一份挂念吗?"后来这词演变为"gossip",意为某人会对神诉说他对他人的挂念并为他祷告。

接着这词的意思变得没那么崇高,意为对人有一种亲密伙伴的友善关心。在莎士比亚名著《亨利五世(*Henry V*)》中,有一幕是阿金库尔(Agincourt)战争前一晚,两名士兵对谈诉说彼此交情有多深厚,以免两人同在次日战役都身亡,他们不用好友或兄弟形容彼此,而是说"你是我的 gossip",这意思是"你是我的亲密伙伴"。但如今这词的意思已经改变。我引用两段话:作家乔治·麦当纳(George MacDonald)说:"闲话是不等猎物死亡就吞食牠们的野兽。"神学家巴斯卡(Pascal)说:"若世上每个人都知道所有人讲了关于彼此什么话,那这世上剩下的朋友会不到四个。"

发人省思的是,几乎没人会喜欢自己被人说到,那些自己曾说过关于别人的话语。这就是我们违犯第九诫的方式。

所以我们如何作假见证?我前面已经略提了一些。你当然可以说个关于某人彻头彻尾的谎言。我们会这样做的不多——因为我们已经看出了这不对。也许我们所做最接近的，是未经查证而传递闲话，这很接近假见证了。

但我们还有更多违犯这一诫的细微方式。这里我举四个简单例子。第一种方式就是选择性陈述事实——我的意思是只说出部分细节，而非全部。就像我之前所提的，如此你就能制造错误印象。完全的谎言还不如半真半假的话来得危险。我们第二种违犯的方式就是暗示。我们什么都没说，只是暗示而已。就像说："若没什么鬼鬼祟祟的，他干嘛在她屋里呆那么久？"就是这类话。你看，只有暗示与提议。你没有说一个完全的谎言，你只是问个问题，种下一颗种子。第三种违犯方式就是沉默：让你知道属于不实的经过不受质疑。第四种做假见证的方式就是依照自己目的来衍伸事实，加油添醋你没有接收到的细节。

还有两种言论也与此相关。第一种，即使事件是真的，但未必表示该将这件事传出去。圣经教导我们若事件是真的，该传递的对象是当事人，而不是其它人。换句话说，当面向对方说，而不是在背后说。另一种就是你做假见证是为了帮助某人而非谋害某人。谄媚就是为某人做假见证。由于我的身分，人们经常要我帮某人写推荐信，照理说教会牧师的推荐信也有某种意义。但我听过某位商人说这种推荐信没价值，因为总是写得太过正面，只写好话。我恐怕现在得警告你，若你要我帮你写推荐信，我会据实来写，因为我认为推荐信应该要诚实。你可以藉由掩盖某些事实来作假见证帮助某人——就如你夸大某人的过犯来谋害他一样。

我们为何这么做？我们为何会发现自己在公众意见的法庭上做出关于别人的假见证？这实在太容易了。这真恐怖，我们所有人都发现这太容易了。当我试着解读我自己与别人的心思时，我找到四个原因。第一是怯懦。有时人们在法庭上作伪证，是因为他们害怕说出实话。有些人知悉他们邻居的事情，却害怕说出真相。他们不敢呈报当局，怕招致报复。怯懦会阻止我们说出完整的事实。我们害怕自己若说出完全的事实，会发生什么事情。

第二个原因就是偏见。若我们形成了一种想法，与事实不符，我们一不小心，就会扭曲事实来符合我们的意见。我们这么做是因为人性固有的瑕疵。就像有位女士对某人说到第三人："我不喜欢她，而且从我对她的所有评论看来，我也永不会喜欢她。"这真是惊人之语。若我们已经定下偏见，而后我们听到的事件并不符合我们的既定印象，那么我们就可能做下假见证。

第三种原因是贪财。有时我们可以获得利益。公司里你与另一个人正在角逐升迁。这是何等大的诱惑，让你散布关于另一候选人的谣言，这谣言可能会传到老板的耳中，对他不利却对你有利。

第四种原因，却也是主要原因：恶意。事实真相是我们乐在其中，我们享受说人闲话。若我们不喜爱八卦，今日四分之三的报社都会关门大吉。问题是若你享受听阅闲话，你就无法抗拒用嘴说出闲话的愉悦。这就是人性的定律。人所吸收的会从嘴里吐出来。我们从哪儿遗传到这些？从你的父亲，我也是。不是我肉身的父亲，不是我天上的父亲，而是我另一个父亲。耶稣曾对一群人说："你们原是魔鬼的儿女，他本是撒谎者。"这就是我们的遗传来源；也是我们之所以会做假见证的原因。

当你回到圣经开头，你可以发现魔鬼最初根本没有撒下完全的谎言，而是扭曲事实让牠的话听来像真的，事实却不然——这就是魔鬼的本性。他去伊甸园找亚当与夏娃，对夏娃说："神岂是真说不许你们吃园中所有树上的果子吗？"魔鬼的话与神的话只差一个词，但却扭曲了整个意思。神说："只是分别善恶树上的果子，你不可吃。"注意后来魔鬼又说了半真半假的话。他说："你们吃的日子眼睛就明亮了，你们便如神能知道善恶。"——这话半真半假。亚当夏娃吃了分别善恶树的果子，他们的眼睛就明亮了，却像动物一样。

这就是魔鬼扭曲的心态——牠没有撒个彻头彻尾的谎，而是说出半真半假的话：牠只扭曲了一个词。你注意到因为魔鬼这么做，也因为亚当夏娃听从了魔鬼，他们的孩子也有歪曲事实的同样恶习。

神说："亚当，你在哪里？"亚当说因为他赤身露体，便躲起来。这真是亚当躲起来的原因吗？这也是半真半假。没错他的确赤身露体，也因此感到羞耻，但这

第九诫 不可作假见证陷害人

只是一半的事实。神问该隐:"你兄弟亚伯在哪里?""我不知道!我岂是看守我兄弟的吗?"这不是谎言,这只是个问题。但你可否看见魔鬼如何影响人类,从此我们父母从不需教导孩子们说谎,却必须不断挣扎如何教导我们说实话,说出完全的事实,绝对的真相。

所以这就一路遗传下来。魔鬼的希腊文名字就是 *diabolos*,意思是"造谣诽谤者"。有一个人名叫约伯;那人完全正直且敬畏神。撒但对神说:"要不是有利可图,约伯还敬畏祢吗?祢赐他事业、家庭,健康与力量。现在祢若把他所有的都拿走,看他不现出邪恶的真面目!"

神说:"撒但,你在说谎,他的健康、家庭与事业都交在你手中,由你摆布,看结果如何。"

魔鬼的动机总是不可告人,总是要诋毁属神的人。

有一天,这悲哀、病态的谎言世界,这受魔鬼控制的世界(所以实话非常珍贵),首次有人说出真相,说出完全的真相,除了真相别无其它。他名为耶稣,而他说:"我就是真理。"当他来到这病态的世界,真理就与所有谎言对质。耶稣对他人的话语中从没有一丝谄媚,也没有一丝虚假。若他称某人为"狐狸",他也的确这么做过,那么那人就是狐狸。若他称一位男女为宝贵的人,那么他就是宝贵的。他所说关于人的每句话都是真的。这使他失去许多朋友,但却是事实,全然的事实,除了事实别无其它。他能透视一个人的生命,由内而外描述这段生命,而且总是真实的。他从没失误,从未就任何人做过假见证。他也从未就自己做出假见证，即使是出于谦卑。他就自己发出惊人的宣告，但却是事实，全然的事实，除了事实别无其它。他是神的儿子——而神，就是真理，因此祂的儿子也是真理，这人三十三岁时发生了什么事？真理住在我们的中间，住在充满谎言的世界上。这样会发生什么事？你知道。真理即将与谎言当面对质，就在对耶稣的审判上。若说有什么是不公义，这就是了。公义从没有这么不彰，就在对真理耶稣的审判上。

控方试图找人做伪证。他们得不到证人的同意，但他们不但没有以伪证罪起诉证人将他们关入监牢（事实上法律规定这些人都该受死，因为他们试图以伪证致人于死），他们还继续这场审判。最后，他们找到一名证人说："这人说：'你们拆毁这殿，我三日内要再建立起来。'"

你知道这只是一整句的其中一句遭断章取义，但已足够使大祭司问耶稣一个关键问题。他说："我正式命令你，告诉我们，你是否是永活神的儿子？"

耶稣以真相、完全的真相与除了真相别无以外来回答。他说："我是。后来你们要看见人子驾着天上的云降临。"这是真理，而他们因为耶稣说出事实而判他死刑。

在他们眼中，耶稣因为没有说出事实而死。他们说他"僭妄"——耶稣的话不可能是真的；你不可能是神的儿子。

我认为最糟糕的，也是最戏剧化的，就是当晚甚至

第九诫 不可作假见证陷害人

是耶稣的挚友也说谎。你能否看见魔鬼把一切都加诸在耶稣身上？魔鬼掌控了自己所能掌控的每个人，使他们在当晚说谎。西门彼得说："我不认得你说的那个人，我与他无关。"谎言、谎言、全是谎言。身为真理的却死了。

若真相的神不存在，那故事可能就这样结束了。若天上没有关心地上真相的神，耶稣可能就像美国废奴将军约翰·布朗（John Brown）一样腐烂在坟墓里。但真理与荣耀的神是存在的，神不会让谎言征服真理。真理的神自己就是真理，他第三日从死里复活。从复活主日的早晨开始，我们知道真理永远比谎言更有权能，耶稣永远比撒旦更有权能。因此，我们能将自己因着违犯这一诫受到玷污的生命交给耶稣，说："耶稣，你能否在我里面再次得胜？"

这是我们唯一能对付罪的方法。你试试看靠自己能不能停止说闲话？试试看控制自己说出的话——你永远也做不到。新约在这方面非常实际。新约根本承认这是一场艰苦硬战。这可能是最后一样神完全掌权的。雅各，主自己的亲弟兄，写道："若有人在话语上没有过失，他就是完全人。"这场战役的荣耀就是在我们里面开始善工的神，也将继续直到成就这善工。祂会使我们完全，祂定意要如此。祂会继续与我们一同挣扎，管教我们，使我们谦卑，爱我们，帮助我们，直到赢得这场争战，因为真理必要得胜。当我还小时，就常看着我们用餐室壁炉上的铜牌写着："真理必要得胜（Vincit Veritas）"

荣耀在于神不仅使你内心有祂的力量,使你不再对人做假见证,祂也使你能忍耐来自人们的假见证。因为在这世上,支持真理的人,都会面临别人对他散布谎言。这是你无法避免的。这曾发生在耶稣身上,也会发生在你身上。这就是为何耶稣在登山宝训说:"人若因我辱骂你们,逼迫你们,捏造各样坏话毁谤你们,你们就有福了!"因为这显明你是属天国的,追随先知崇高的军队。你们是有福的。

第九条诫命的意义在此:真理。耶稣的亲弟兄雅各,比任何使徒都多次强调口舌能造成的破坏。在马可福音 3 章,我们读到耶稣的家人去找他,因为传言说耶稣"疯了"。

我们都曾说过使自己深切痛悔的话。当耶稣离世,祂的死也让我们免受自己的罪所招致的刑罚并脱离罪的权势。感谢神!

第十诫
不可贪恋人一切所有的

这里是圣经里最可怕的贪恋别人所有物实例。这段经文记载了一位渴求自己没有之物的国王。

耶斯列人拿伯在耶斯列有一个葡萄园，靠近撒马利亚王亚哈的宫。亚哈对拿伯说："你将你的葡萄园给我作菜园，因为是靠近我的宫；我就把更好的葡萄园换给你，或是你要银子，我就按着价值给你。"

拿伯对亚哈说："我敬畏耶和华，万不敢将我先人留下的产业给你。"亚哈因耶斯列人拿伯说"我不敢将我先人留下的产业给你"，就闷闷不乐地回宫，躺在床上，转脸向内，也不吃饭。

王后耶洗别来问他说："你为甚么心里这样忧闷，不吃饭呢？"

他回答说："因我向耶斯列人拿伯说：'你将你的葡萄园给我，我给你价银，或是你愿意，我就把别的葡萄园换给我'；他却说：'我不将我的葡萄园给你。'"

王后耶洗别对亚哈说："你现在是治理以色列国不是？只管起来，心里畅畅快快地吃饭，我必将耶斯列人拿伯的葡萄园给你。"于是耶洗别托亚哈的名写信，用王的印印上，送给那些与拿伯同城居住的长老贵胄。信上写着说："你们当宣告禁食，叫拿伯坐在民间的高位上，又叫两个匪徒坐在拿伯对面，作见证告他说：'你谤渎神和王了'；随后就把他拉出去用石头打死。"

那些与拿伯同城居住的长老贵胄得了耶洗别的信，就照信而行，宣告禁食，叫拿伯坐在民间的高位上。有两个匪徒来，坐在拿伯的对面，当着众民作见证告他说："拿伯谤渎神和王了！"众人就把他拉到城外，用石头打死。于是打发人去见耶洗别，说："拿伯被石头打死了。"

耶洗别听见拿伯被石头打死，就对亚哈说："你起来得耶斯列人拿伯不肯为价银给你的葡萄园吧！现在他已经死了。"亚哈听见拿伯死了，就起来，下去要得耶斯列人拿伯的葡萄园。

耶和华的话临到提斯比人以利亚说："你起来，去见住撒马利亚的以色列王亚哈，他下去要得拿伯的葡萄园，现今正在那园里。你要对他说：'耶和华如此说：你杀了人，又得他的产业吗？'又要对他说：'耶和华如此说：狗在何处舔拿伯的血，也必在何处舔你的血。'"

亚哈对以利亚说："我仇敌啊，你找到我吗？"

他回答说："我找到你了；因为你卖了自己，行耶和华眼中看为恶的事。耶和华说：'我必使灾祸临到你，将你除尽。凡属你的男丁，无论困住的、自由的，都从以色列中剪除。我必使你的家像尼八的儿子耶罗波安的家,又像亚希雅的儿子巴沙的家;因为你惹我发怒,又使以色列人陷在罪里。'论到耶洗别,耶和华也说:'狗在耶斯列的外郭必吃耶洗别的肉。凡属亚哈的人,死在城中的必被狗吃,死在田野的必被空中的鸟吃。'"

列王记上 21 章 1-24 节

没人像亚哈一样将自己如此彻底出卖给魔鬼,因为他的妻子耶洗别鼓动他行一切恶事。这是他代价最高昂的一笔土地,索去了他的一切——他的性命、王位、家庭、妻子、命运,皆因为他想要一个人的后花园,一个邻舍的后花园。

以下这段文章题目为"我想要。"

"但愿……我能随心所欲。真希望我完成了学业。我想逃离这里。真希望我年长一点。我想在定下来之前多游玩一些。真希望我父母别来烦我。我想要更受欢迎。真希望我有辆车就好。我想要一个人静一静。真希望我很有钱。我想要成名。真希望我有份更好的工作。我想要年老前尽情享乐。真希望人们别来烦我。我想要结婚。真希望我能买得起更好的衣服。我想要有更好的生活。真希望有点事做。我想要;我不知道我想要什么。真希望……我想要——我想要。"

这是位年轻人写下的文章,人性的奇怪定律之一就是我们拥有的愈多,我们就想要愈多。奇怪的是我们一直不断相信这个幻象,这真是个幻象——真希望我们能拥有那个，那么我们就会满足。真希望我们能达成那目标，真希望我们能拥有那个，真希望我们能像这样那样——那么我们就终于能变得快乐。然而总体来看富裕国家都是最贪得无餍的，而我们拥有愈多，我们就贪求愈多。英国与世上三分之二的人口比起来，已经拥有这么多财富，然而这里多数选举胜选的关键都是一个：将更多钱放入你的口袋里，使国家更繁荣，更多的财货。但我不要在此谈论政治或社会议题，因为第十诫不是针对富裕国家对抗贫穷国家，而是针对个人。诫命中的"你"指的是单数。但我已提到贫富的总体议题，因为当你发现我们应当是世上最该感恩的人时，你更会看见贪恋的丑陋本质。我们应该全然知足于自己所拥有的。有人说过若全球的人都受邀将自己的困苦堆成一堆，然后每个人负担一部分公平的比例，我们会宁愿回到自己的既有状况。

我们在第十诫考虑到一个非常简单的现象：贪婪。这是十诫中惟一关乎内心思想与感受，而非外在言行的一条诫命；这一诫直达我们内心，是大数人扫罗（保罗）身为宗教狂热犹太人唯一无法遵守的一诫。他说他是血统纯粹的希伯来人，就遵守犹太教规这一点说，又属于法利赛派。没人能挑剔他对于律法的遵守，因为没人能看见他的内心。但他在罗马书第7章的自我剖白中说，身为法利赛人他只有一条律法无法遵守，那就是"不可贪恋人一切所有的。"法利赛人在这方面也早就因此恶名昭彰。没人知道你内心贪恋别人所拥有的。

第十诫 不可贪恋人一切所有的

当我综览圣经，我发现男男女女都被贪婪所毁灭。我简短列了张表。在旧约中就从这个女人开始：夏娃。她看见自己不该拥有的，而她渴望它，所以要不了多久她就占有了它。下一位我注意到的是一个男人：罗得。当亚伯拉罕与罗得看着应许之地，较年长的叔叔亚伯拉罕，对他的侄儿说："你想要哪一部分呢？"罗得举目看着约旦河的全平原，都是繁荣滋润的，就说："我要那一块，"于是罗得选择住在所多玛，就在另一个地方蛾摩拉的隔壁——这几乎毁灭了罗得。

下一位是将全国带入灾难边缘的人，只因为他一人看见了属于别人的东西起了贪念。他名为亚干。你可以在约书亚记读到以色列人攻下耶利哥城后，他们要继续攻往艾城。他们不知道队伍中有一人在耶利哥城内看见某物，并因起了贪念而取之。他们没有赢得艾城之役，因为神知道亚干做的事。

我还列出以利的儿子们，以利是撒母耳儿时的师傅。以利的儿子们毁了父亲的服事也丧失了自己所拥有的，因为他们贪恋贪婪。接着是撒母耳自己的儿子们，他们也犯下同样的错误。然后是扫罗，以色列的首位君王。我注意到亚哈。然后是先知以利亚的仆人基哈西，他不愿让乃缦白白得医治，要从其中索价。你会不断发现，整本圣经里，多少男女都因贪婪而毁灭。

当我们来到新约，情况也没什么不同。我们首先注意到犹大。我们常说他为了三十块钱卖了他的救主。其实不然，他是以三十块钱卖了他自己。他出卖了自己的生命；他没再活超过二十四小时。还有行邪术的西门（Simon Magus），他看到彼得按手在人身上使人领受能力；因为圣灵降临在他们身上。行邪术的西门掏出皮夹说："多少钱能把这权柄也给我？我也是魔术师，我欣赏你的把戏，也希望能得到你的秘诀。"

彼得说："你的银子和你一同灭亡吧！因你想 神的恩赐是可以用钱买的。你当懊悔你这罪恶。"

亚拿尼亚与撒非喇——我想你可以说，由某种角度观之，他们是初代"殉道"的基督徒，但他们其实是为财身亡，而非为信仰殉道。底米丢是整本圣经里最悲哀的人物之一，对他的描述只有一句："底米丢这人发现贪婪太沉重。"之后又有腓力斯，还有底马。圣经充满了生命被毁灭的男女——只因为贪婪。

圣经将贪婪与眼目密切连结。视力是恩赐，但在某些人身上，视力会激发贪婪。夏娃看见了树上果实，起了渴望吃了它。亚干看见自己渴望的美丽饰物于是就取了它。我们必须活在其上的今日世界，世上的广告商告诉我们要去渴望、渴望、不断渴望。当你看个电视节目动不动就会有人打断你对你说："所有人都拥有这个，数百万人都拥有这个——你何不也拥有呢？"这实在很累人。我们活在一个充满压力的世界，为了商业利益鼓励人们贪婪。当你看着别人拥有的东西时，要知足实在很难。

世上最深远的负面影响之一就是娱乐媒体的普及。

第十诫 不可贪恋人一切所有的

在贫穷国家工作的人告诉我，造成憎恨、愤怒、不满与想要更多决心的原因，就是好莱坞外销一些电影到这些国家，电影展现了这些人在媒体进驻前作梦也没想过的豪宅与奢侈生活。我并不是说要让他们在贫困中自生自灭。我要说的是我们向他们所炫耀的，是他们遥不可及的生活。

现在贪婪还有个亲戚叫作"骄傲"。他们是哥俩好。我们之所以贪婪，是因为我们骄傲。我要指出三个显示我们贪婪的常见习惯。第一就是收藏东西的习惯。我不是说这是坏习惯；然而，我说的是收藏东西的习惯带有一种可怕的诱惑。你收藏什么？邮票？古董？

我记得曾与一位男士共进午餐，我曾在他所属的教会讲道。他说："等下我要给你看我的收藏。我花了好几年收藏它们。"他一直不让我知道他收藏什么；硬是不肯告诉我。午餐后他带我到他房屋的边角，那里有个大棚屋。他猛地把门推开，里面约有二十五辆马车，全都锁在那儿。他肯定为此花了大把钞票，因为每辆马车都精美装修过。马车就停在那儿："我的马车，这就是我的收藏。"

现在若你喜爱收藏任何东西，你必须自问："我的收藏对我有什么益处，对人有什么益处？"有些收藏有其必要——保留过去的宝贵纪念。有些人收藏东西是为了帮助他人。但若我的收藏只是单纯让我更骄傲或更贪婪，单纯使我渴求更多这类东西，好让我能说："我又有更多了，"

那么我们就已经被收藏物控制。另一方面，如果我之所以收藏东西，是为了与他人分享并留存对他们有益与具有价值的东西，那这就完全令当别论。我提这个是因为收藏东西是个常见的习惯。我们多数人都会收藏某样东西。

第二种习惯，就是捡便宜的习惯。全世界都爱捡便宜。"你知道我花了多少钱买到这个吗？"我们要留心自己在捡便宜时不是在喂养贪婪。有时我们喜欢捡便宜，因为我们能以更低的代价得到东西。这是我与生俱来的喜好。这是我祖父与生俱来的特性，我祖母还曾在退休后接送我祖父往返拍卖无用废物的拍卖会。但我祖父会说："你看，我只花了十先令就买到这一大幅美丽的画。""拿回去退掉，"我祖母说——不然房子里根本没她的容身空间。

我曾在杂志上看到一则可爱的漫画。上面画着一个商店橱窗摆满皮草大衣，正在贱价大甩卖：五折出售。有位女士往橱窗里看，她温顺矮小的丈夫就站在她旁边，喃喃自语着："我还可以告诉她怎样省下全额。"我们必须自问：我是否购买自己不想要也不需要的东西，只因为它吸引了我想用那种价钱购得的贪婪？

第三种习惯，也是横扫英国，腐蚀我国道德勇气的常见习惯，就是我之前提过的赌博。赌博有很多种形式，有些非常细微狡猾。当政府推出有奖债券时，我们经常受骗。有奖债券说这不是赌博。那这是什么？你就是在赌注它的利息，而不是本金。这是我国长久以来，首次正式将

第十诫 不可贪恋人一切所有的

赌博引进我们的经济生活之中。但如今这已经是全国恶疾，许多人花在赌博上的钱比花在食物上的钱还多。

我曾探访一位行将就木的人，我永远也忘不了。他卧病在床久嗽濒死。你知道他在过世之前本该准备好会见造物主的那几小时，他在做什么？他正在赌足球。我问他："你这时候还在赌球做什么？"

他回答："因为我没给家人钱，所以我把所有钱都孤注一掷想赢一把。"

这是个会怂恿贪婪的习惯，赌徒会成为糟糕的雇主。他会想不劳而获，快速致富。

贪婪有什么不对？渴求别人的东西有什么不对？为何不可？人家都有，为什么我不能拥有？

第一，这是个可能会将人拉进地狱的罪，但我不相信神会随随便便就称某罪为罪。祂不会说："我想把这定为罪，因为人们看来好像很乐在其中。"祂不会这么想。当神称某事为罪，那是因为它对我们有害——而因为神创造了我们，祂明白什么对我们最好。祂知道长期下来贪婪对人的影响——祂知道这会毁了人类。

关于贪婪——也就是贪恋，圣经讲到三件事。第一，人的内心受到荼毒。第二，人的头脑受蒙骗。第三，人的灵魂遭到毁灭。

首先，**人的内心受到荼毒**。最诡异的就是人拥有愈多，就渴求愈多。他永远也不满足。他总会梦想有更大的事业，总会拆毁房舍，想要建造更大的。

我还记得听过一个牲口贩子，他忙着卖牲口赚钱，最后精神崩溃，医生将他送往英国西南部好好休养，好让他能康复。当他到了那儿，他在旅馆吃了第一顿饭，饭后他马上前往旅馆柜台对接待员说："你认识附近任何有牲口要卖的农夫吗？"他就是离不开生意。人的内心已经受到荼毒。他着魔于自己的渴望，而非需要。

第二件事就是人的头脑特别在两方面受到蒙骗。其一就是他受骗以为自己拥有很多财物就是成功。我们甚至会用一句话来形容一个人很有钱："他混得很好。"但真是如此吗？你可能大错特错。另一种欺骗就是人不仅头脑受到蒙骗误以为有钱就是成功，还以为有钱就有保障。"放心吧，你很有钱，你有事业。你的财物充裕。放轻松退休，享受生活吧。"

但神说："无知的人哪，你所预备的要归谁呢？今夜必要你的灵魂。"

第三件事，人的灵魂被毁灭。耶稣在他无与伦比的事件之一中，曾说神话语的种子能种在人的生命中，能够发芽结出生命，然后被杂草挤掉。那些杂草是什么？你去读读耶稣撒种的比喻：钱财的迷惑把道挤住了。本可得救的人却被哽着了，使得种子从未发芽，从未得着属灵生命，还扼杀了灵魂。若人能说："我得到了全世界；我掌管了一切生意，现在这可是全球性的事业。"但若他失去自己的生活，又得到什么益处？

解药是什么？这里有四步骤。第一就是**信主**。若你很有钱，要信主是很困难的。依照圣经标准，我们社会的多数人都很有钱。耶稣说骆驼要穿过针的眼，比财主进神的国还容易。这就是为何今日在英国领人信主这么困难的原因之一——因为我们都太富有了。我们开着车到处跑，我们不缺任何东西。我们想要好多东西，但多数人根本不缺任何东西。

因为我们富有，因此耶稣说要进天国很难，但一个人除了信主得救，别无盼望——这就是第一步。有一位富有的青年来找耶稣。这是史上最悲哀的事件之一。他来找耶稣，耶稣告诉他如何获得永生，他也知道理当如此。但他难过地离开，耶稣也任他离开，因为这青年心中有太多贪婪。贪婪仍掌控他的心。信主意谓浪子回心转意，那位曾说："快给我"的浪子，如今会说："赦免我。"

第二步就是献上——得着赦免后，将自己与所有的献给神。一位客座牧师讲到自己如何实践这点。他列出自己所拥有的东西。他吓坏了。他没想到自己拥有这么多，但他写满了好几大张纸。你是否曾写下你所拥有的每样东西？你有的多到让你数不清。然后他读完列表后说："主啊，我要将每样东西献给你，你告诉我那些我能保有，哪些我该拿开，"他开始按表祷告："我的相机？"

主说："你可以保有它。我可以使用它。"他在相机旁打个勾。

"我的唱片？"

"不，你必须丢弃它们。"所以他打个叉。

他继续进行着，甚至是他保有的，他也赠送出去。你明白吗？这就是献上。所以别再说"我的房子"或"我的车子"了。这是神的事业，祂的车，祂的房子。

第三步就是学习知足。这是人生最困难的功课之一，有些人需要许多年才学得会。但有个人保罗，他可以说："我知道怎样处卑贱，也知道怎样处丰富。"这就是极大的秘诀。这是何等大的功课！神要有些人有钱，因为他们能为祂使用钱财，祂也让有些人贫穷。然而那些真正学到耶和华是他们牧者的人会说："我必不致缺乏。或有余，或缺乏，随事随在，我都得了知足的秘诀。"我不知道哪种功课比较困难——我猜是当你拥有诸多财富，一切都唾手可得时还要学习知足。

第四步骤就是学习将你的爱欲重新导向正确的方向。你知道新约哪里告诉基督徒要贪恋吗？正确的渴慕就是解决错误贪恋的解方。贪恋就是渴望别人所拥有的——想要将它们据为己有。你不可贪恋人的房屋；也不可贪恋人的妻子、仆婢、牛驴，并他一切所有的。这顺序岂不有趣？先是房屋，然后第二是妻子，第三是牛驴，但不管如何，你就是不该贪恋别人的所有物，除了一样。圣经说："你们要切切地求那更大的恩赐。"

何以如此？因为当你读到那些恩赐，会明白它们使你能服事人——所以你当切切渴求能助你帮助人们的恩赐。

这是我们应当渴慕的。我们应当渴慕服事人。我们应当渴慕圣灵的恩赐，好让我们能与人分享基督的丰盛。我们应当渴慕能使我们付出，而非夺取的恩赐——而不该贪恋会让我们赚大钱的恩赐。欧，我们当渴慕这些良善恩赐。

简言之，这里有四步骤：**信主**（对神怀抱正确态度；也就是'赦免我'）；**奉献**（'主阿，祢现在不仅拥有我，祢也买赎了我、我的衣服、我的房屋、我的工作；祢买赎了这么多东西；我所有的都在这儿——我献上一切'）；并学习**知**足于神给你的一切——祂也许给你很多，也许很少，但要知足；还有就是**渴慕那些使你能进入匮乏之地，对人们有所贡献的恩赐**。

你知不知道主耶稣从没有拥有过房子——祂甚至没有枕头的地方；祂成就祂的工作时一无所有，因为甚至是他的衣服也被剥夺拿去作了赌注——然而他却知足。他拥有一切所需，但他拥有的更多。他本来富足，却为你成了贫穷，叫你因他的贫穷，可以成为富足。他降生在肮脏的马槽里，甚至没有小床或婴儿车可以放置他。当他离世时没有留下任何东西，惟独他的平安，但若你相信他，他的富足就是你的。